本甄课堂

甄慰 著

江西高校出版社
JIANGXI UNIVERSITIES AND COLLEGES PRESS

图书在版编目(CIP)数据

本甄课堂/甄慰著. --南昌:江西高校出版社,
2020.3(2022.2重印)
ISBN 978 - 7 - 5493 - 9775 - 4

Ⅰ.①本… Ⅱ.①甄… Ⅲ.①小学数学课—教学研究 Ⅳ.①G623.502

中国版本图书馆 CIP 数据核字(2020)第 033053 号

出 版 发 行	江西高校出版社
社　　　址	江西省南昌市洪都北大道 96 号
总 编 室 电 话	(0791)88504319
销 售 电 话	(0791)88522516
网　　　址	www.juacp.com
印　　　刷	天津画中画印刷有限公司
经　　　销	全国新华书店
开　　　本	700mm×1000mm　1/16
印　　　张	13.5
字　　　数	230 千字
版　　　次	2020 年 3 月第 1 版
	2022 年 2 月第 2 次印刷
书　　　号	ISBN 978 - 7 - 5493 - 9775 - 4
定　　　价	38.00 元

赣版权登字 -07 -2020 -110

目 录

CONTENTS

第一篇：我的成长之路

故人已乘黄鹤去，人去音存楼不空

    ——纪念我的师傅庾锦霞老师 ·············· 3

仰取俯拾　稇载而归 ·············· 6

第二篇：我的教学主张

传递爱是最好的教育

    ——我的教学主张 ·············· 15

把握课堂教学本质，还课堂"本甄" ·············· 19

第三篇：本甄课堂思与行

游戏与数学

    ——"高矮"教学实践与反思 ·············· 29

大胆放手的回报

    ——两步应用题的教学及体会 ·············· 33

好课需多磨

    ——磨"三角形"练习课 ·············· 37

浅谈低年级数学学习习惯的培养 ·············· 41

浅谈小学数学教师课堂评价语的几个原则 ·············· 46

经验迁移，让概念从模糊走向清晰

    ——小学数学三年级上册"四边形"教学实践与思考 ·············· 51

培养小学生自学能力浅见 ·············· 58

借助表象　构建概念

    ——"平行线"教学与思考 ·············· 62

浅谈新课程理念下的"用教材" ·············· 66

在"摆一摆，想一想"中落实数学思想方法 ·············· 70

小学数学"解决问题"课程资源的开发与利用初探 ·············· 74

浅谈"解决问题"与"应用题"对比引发的思考

    ——以五年级上册新教材"解决问题"与旧教材"应用题"为例 ……… 78

"解决问题"课堂教学模式之一 ……………………………………… 88

小学数学"解决问题"课堂教学模式初探（之二） ………………… 92

小学数学低年级画图"解决问题"初探 …………………………… 100

小学数学"解决问题"的策略初探 ………………………………… 117

浅谈小学数学的"解决问题"该关注什么

    ——"取商近似值"引发的思考 …………………………………… 143

"画图"让解决问题更有效 …………………………………………… 147

用图想事　借图促思　据图说理

    ——二年级"解决问题"教学案例 ……………………………… 151

借助"几何直观"解决问题

    ——五年级下册"解决问题"的教学与反思 …………………… 155

纸上得来终觉浅，绝知此事要躬行

    ——人教版小学数学一年级下册解决问题"求相差数"的实践与思考… 160

借助几何直观，让经过时间"可视"

    ——三年级下册"计算简单的经过时间"教学案例与反思 … 164

以问题引导细化"阅读与理解"，提升"解决问题"能力

    ——以四年级下册"解决问题——怎样租船最省钱"为例 … 168

追根溯源　功夫在题外

    ——换个角度看试卷，助力小学数学教师专业发展 ………… 171

第四篇：不只是数学

从"你父母的生日是几月几日"想到的 ………………………… 179

神奇的莫比乌斯带

    ——一个延续十年的故事 ……………………………………… 181

以爱相融　共赢成长

    ——我与瑞瑞的故事 …………………………………………… 186

我与瑞瑞的故事 ……………………………………………………… 192

"因为爱，所以爱！"

    ——我的教育故事 ……………………………………………… 204

培养人，就是培养他获得未来

    ——北京亦庄小学跟岗学习小结 …………………………… 208

第一篇

我的成长之路

故人已乘黄鹤去，人去音存楼不空

——纪念我的师傅庾锦霞老师

黄树楠校长多次盛情邀约，让我写写自己与桥东的故事，我一直记着，但无从下笔，因为故事太多……

那么，这次就写我师傅庾锦霞老师——一个老桥东人的故事。

桥东小学，是我到番禺见到的第一所学校。那是 1997 年的 8 月，我在 2 路公共汽车上路过此地，只道："大马路边居然有那么小的学校。"叔叔说，这是以前的中心小学，历史悠久且很有实力。1997 年 8 月 22 日，我接到通知：一周内到桥东小学报到。意外至极，这是第一眼的缘分。

1997 年 9 月，一纸调令，我开始了在桥东 12 年的摸爬滚打生涯。当时我接任两个班的数学教学任务，一个班 68 人，一个班 69 人，一周 22 节课，还要辅导数学竞赛，我傻了眼，心理落差极大……

1998 年，在黄柏祥校长的推荐下，我认识了人生中的第二位师傅——庾锦霞老师。从此，我便与她开始了 20 年的师徒情谊。在她的支持、指导、帮助下，我有了许多的第一次。

1998 年，我在番禺区第一次讲公开课"圆的认识"，所说的话几乎都是师傅教我说的。文字如何组织，语音如何轻重缓急……她让我知道了什么是数学语言，知道如何将知识点贯穿每一个环节。

1999 年，我任桥东小学数学科科长，这是我人生第一个"官职"。她教会我如何从大局思考做好科组建设，如何扎实开展、有序推进每一次教研活动，促进科组的教师成长。

2000 年，我第一次参与了番禺区教学新秀赛课活动。还记得赛课当天，我们约定 40 分钟后见她挠头就要下课。下课后，她对我说："你再拖堂，我的头发要挠到掉光了。"备赛的半年间，她带着我备课、编制教案、说课、做课、观课、议课、评课。她督促我深入钻研教材，对文本要有自己的见解。她让我知道，磨课是伴随职业生涯始终的长久过程，对我的专业成长可以起到深远的影响。

2001 年，我人生第一篇文章发表，《小学生数学自学能力浅见》是她逼着我写的，文章初稿整版都是师傅红色的笔迹，几乎看不见我的字。她教会我做老师必须有"反思"意识，只有通过笔耕，不断反思自己的教育教学理念与行为，不断自我调整、自我建构，才会持续不断地获得成长。从这一篇文章发表起，我一发不可收，笔耕不辍，喜讯频传。

2002 年，我人生第一次做"一、二年级的教材分析"讲座。她让我知道，教材是课标理念的载体，是课堂教学的依托，教师必须通读教材、研究教材、读懂教材，要对教材的整体体系结构、地位作用、文字内容、语言表达、承载任务等有全方位了解。

2004 年，我第一次作为导师参与新秀备赛。我以庾老师为榜样，切实起到传、帮、带的作用。这个过程中，我对他们的付出都是有价值的，这是一种鞭策，是一种奋发向上的动力，我更是要把这种无私帮助的精神传承下去，而这样一做就是十几年。

2005 年，我第一次在教师进修学校开设自己的课程。庾老师告诉我，培训关注的应该是实效性，老师们希望获得的是一些可以借鉴的和可操作的实践层面的经验。那么，开发出更精准的培训课程，使自己的专业发展更具生命力和可持续性就是我的任务了。

2006 年，我第一个课题立项。庾老师告诉我，课题驱动是教师自我发展、自我提高的基本方法，做课题少不了查阅大量的文献，从中汲取有价值的东西，形成自己的教学理念。要想更好立足，就必须从经验型转向科研型，于是，从那时起，"解决问题"的课题研究，成了我最好的提高自身素质的重要途径。

2007 年，我第一次协助广州市教研室、番禺区教研室指导老师参加全国赛课，从此我走向更大的舞台。

2009 年，我有了人生中第一个以自己的名字命名的名师工作室，从此有了很多名正言顺的工作室成员。

…………

从一个普通的数学老师到番禺区新秀、番禺区优秀教师、广州市优秀教师、广州市特约教研员，甚至成为广州市"十佳"数学教师、番禺区名教师、广州市名教师工作室主持人，仔细回想，我能有今天的成绩，不仅有各级领导的指引和提携，许多专家温暖而有力的扶助，更重要的是，我还有一个敬业爱业的老桥东人的关爱。我因此而幸运地进入了快速成长的轨道。

2009 年 8 月 13 日，我接到调令，要离开桥东小学，那时我恋恋不舍，且不甘心不情愿。师傅鼓励我，只要自己业务过硬，到哪里不是教书育人？怕什么！这个信念一直支撑我，至今不变。

2017 年 9 月，我去探望她，叫了声"庾老师"，她听见后就睁开眼睛扫了一下，头扭向一边，再也不理会我们。她不停地想拔掉氧气管，似乎想表达她的愿望。每见一次，我胸口都会痛好久。2015 年的"最后一次和你们吃饭"竟然一语成谶……这个爱我如孙的老人即将离去，虽有不舍，但无能为力。

　　2018年4月，对人和蔼可亲、做人正直不阿、教学严谨执着、说话幽默犀利、做课思路敏捷、评课一语中的的师傅与我永别了。

　　如今，她指导我备课、写文章、评课，看着我试教，跟着她追公交车，和她喝茶、抢单、聊家常……这些情景依旧历历在目。想她的时候，我会播放"You raise me up"，每听一次，我便泪眼婆娑……

　　一个人的一生，总会遇到几位好老师。想到庚老师，我充满感激，她让我学会欣赏，欣赏那些比我强的；学会宽容，宽容那些比我弱的；学会适应，适应那些不能改变的；学会改变，改变那些能改变的。

　　故人已乘黄鹤去，人去音存楼不空！

　　谨以此文纪念我的师傅庚锦霞老师！

2019年4月20日

仰取俯拾 稇载而归

人生是由无数个细节串成的链条，将近 30 年的小学数学教学工作，使我明白"态度决定一切"。一分耕耘，一分收获，踏踏实实地付出就一定有收获！

一、白驹过隙，岁月留痕

1988 年，我从韶州师范毕业留校。在韶师附小的 9 年间，时任市教研室的彭主任经常来我们学校，他一有时间就来听我的课——几乎从不提前打招呼，来到坐下就听。开始我很怕他来，老是担心自己讲不好，但是，一年、两年、三年……有了他的指导，我的教学水平有了蜕变。就这样，不断地学习，不断地吸纳……这些经历成了我的财富。

1997 年，我调到了广州市番禺区市桥桥东小学。教研室的陈老师和教育指导中心的黎主任给我机会，让我任区教研室、城区的中心组成员，我便可以跟着教研室参加各种教研活动，如到各镇的学校（特别是农村学校）调研，参加"送教下乡"活动，做教材分析的讲座，做进修学校继续教育的主讲教师，任区、市的特约教研员，参与广州市教研室部分教研活动，协助省、市、区的教研室指导老师参加赛课，等等。

现在，我已成为广州市中心组成员、广州市名教师工作室主持人、番禺区中心组成员、番禺区教师进修学校面授教师、广东省第二师范学院承办的第三批小学名师培养项目的指导专家、韶关学院省级中小学教师发展中心的专家。

二、勤能补拙，厚积薄发

从教 30 年，我参加了很多大大小小的赛课以及自己都记不清楚多少次的送教与讲座。这些经历，让我很累，但是让我的课堂教学开始成熟。

1999 年，黄校长让我参加番禺区的第四届教学新秀评比，历经一年多的比赛令我有一个层次的提高。

为了把课上好，我试教了一遍又一遍，每一个环节、每一道题、每一句话都是修改了再修改，调整了再调整，甚至每一个字、词的表达都细加琢磨。通过这次新秀评比，我知道了"预设与生成"，学会了"逻辑重音"。

为了备战说课，我把小学数学 12 册教材每一节课的设计重新梳理了一遍，为什么要这样设计，为什么这样处理，怎么引入、怎么总结、怎么板书、怎么过渡，我都认真思考、仔细准备。

备战的一年时间里，每天晚上我都查看大量的相关理论书籍，以提高自己的理论水平，那段时间，我真正踏踏实实地得到了提高。如果说，在韶师附小的 9 年，练成的是基本功和教学能力，那么"新秀比赛"则使我开始知道什么是理论与实际相结合。

这期间，我很幸运，得到黎主任、庾锦霞老师、黄校长，还有桥东小学全体数学科组成员的倾力相助。中间因压力很大，我也曾想过放弃，是黄校长和庾老师不断的鼓励使我坚持了下来。

2007 年，我在汕头参加一个全国的赛课。我人生头一次体验到了"磨课"的滋味，一次次地试教，一次次地反思，一次次地更新，一次次地收获。其中有过困惑与彷徨，有过希望与欣喜，但不管怎样，我已体会到了"磨课"确实是一条曲折坎坷，但却令人深感幸福的教学必经之路。这一次，我修改了 22 次教学设计，换来的是全国一等奖。磨课的过程是学习的过程、研究的过程，是我们教师获得专业成长的最好途径。"磨刀不误砍柴工"，我在"磨课中成长"，靠"磨你千遍也不厌倦"的执着与勇气，去经历、去收获、去成长。

2008 年，我参加广州市首届十佳数学青年教师的评选，艰辛异常：参加广州市数学教师解题比赛必须获奖，2 小时笔试时间，抽上课内容，抽上课班级。笔试完成四个内容：写一个案例，写一节新授课的练习设计，根据一个课堂实录写评课，解题。赛课提前两天抽签，每个选手都只有两天的时间准备。这个"十佳"，可以说是我这么多年努力的一个见证。

三、业精于勤，一树百获

纵观自己的经历，我认为自身的专业成长有几个至关重要的因素。

1. 学然后知不足，教然后知困

我曾到南京、北京、承德、武汉、杭州、南京、重庆、广州、肇庆、韶关、深圳、台湾等地观摩全国及省级的优质课评比与说课评比活动，以此开阔自己的眼界和思路。我还参加广州市中小学心理健康教育 C 证和 B 证培训、中小学教师教育技术能力建设项目中级培训、中层干部培训、校长任职资格培训、区骨干教师培训、区"双名"工程培训、省骨干教师培训、"国培计划 2011"义务教育骨干教师远程培训、广州市"百千万"名教师培训、广州市卓越校长促进工程……2016 年，我被番禺区教育局派到实力强劲的小学——亦庄实验小学跟岗学习。我走出了小小的井底，眼光逐渐开阔，看到的不再

是自己的学生，面对的不再是自己存在的问题。我看到更多，反思更多，觉得山外有山，自己更渺小了。我有了更多机会走出校门，有了不同层次的专家、特级教师的指引，我的收获之大、思考之深，是前所未有的。

2. 细雨湿衣看不见，闲花落地听无声

（1）纸上得来终觉浅，绝知此事要躬行

虽然我不分管业务，但我通过科组学习、校本培训，让教师走出校门外出听课、观摩学习，也以请教研员、专家来我校指导等形式，不断地向老师们提供获知教研最新动态的方法，为教师创造各种学习、提升的机会。

自做行政工作以来，每个学期的数学期末考试卷我都一张一张地翻阅，为的是掌握第一手情况，以保证我校数学教学质量的提高。

听课、评课中，我把自己的教学经验告诉学校青年教师，给老师们借鉴，促进他们在教学实践中不断成长。另外，只要是我指导的教研课，全部引进我校试教，让老师们一起观摩学习。

我还指导数学老师上教研课，指导教师进行论文、案例的撰写、修改，鼓励老师们投稿、参评，给老师提供了展示的平台。

此外，我多年坚持的数学学科的"解决问题"专题研讨，使我校仅有的10位数学老师成就显著。在我在任期间，他们分别向省、市、区、镇不同地域的教师展示自己的教研课，其中省级2节、市级2节、区级30节。除此以外，老师们有38篇文章获不同级别的奖项，有14篇文章发表在正规刊物上。

（2）但得众生皆得饱，不辞羸病卧残阳

有台前就有幕后，有前方就有后方，有主角就有配角。不可能人人都往显处站，不可能人人都担当主角。我常常戏称自己是成功人士背后的女人。

①获得国家级奖励的有：

2007年11月，我协助广州市教研室、番禺区教研室指导番禺区市桥德兴小学的陈莉老师参加全国第七届小学数学优质课评比活动，她所执教的优质课获一等奖。（课题：二年级"初步认识角"）

2009年4月，我指导市桥桥东小学许慧玑老师参加全国中小幼创新智能教学理论与实践研讨会，其所执教的优质课评比获全国一等奖。（课题："三角形的分类"）

2010年9月，我协助广州市教研室、番禺区教研室指导番禺区石基镇桥虹小学的简树恩老师在中南九省优质课评比中获一等奖。（课题：五年级"用余数解决问题"）

②获得省级奖励的有：

　　2007年，我协助广州市教研室、番禺区教研室指导番禺区市桥德兴小学的陈莉老师参加广东省优质课评比活动，她所执教的优质课获一等奖。(课题：三年级"两位数乘两位数")

　　2009年，我协助广州市教研室指导番禺区石基镇桥虹小学的简树恩老师上"三角形练习课"。(此课例曾在广东省多个地方参加送教活动)

　　2012年，我协助广州市教研室、番禺区教研室指导番禺区市桥东兴小学的陈慧老师参加说课评比，她的说课获广东省说课评比一等奖。(课题：一年级"认识厘米")

　　2014年3月，我指导沙湾实验小学的郭凤喜老师撰写的论文《自主合作，师生共同提高双舞台——校本"研学后教 三主四环"高效课堂教学专题教研行动研究》获"广东教育学会2013学年论文评比"二等奖。

　　2014年12月，我指导番禺区钟村中心小学的莫静纹老师参加"广东省计算机教育软件评审活动"，其课题获基础教育组学习型优课三等奖。(课题："植树问题")

　　2017年4月，我协助广州市教研室指导番禺区钟村毓秀小学的韩乐观老师参加广东省第十届小学数学优质课展示观摩交流活动，课例六年级"运用百分数解决问题"获一等奖。

　　2019年3月，我协助广州市教研室指导番禺区沙湾中心小学的麦志亮老师参加广东省第十一届小学数学优质课展示观摩交流活动，课例四年级"三角形的认识"获一等奖。

　　③获得市级奖励的有：

　　2010年，我协助番禺区教研室指导番禺区实验小学的胡武华老师参加广州市说课比赛，其说课获一等奖，参加广州市练习课观摩课比赛获二等奖。

　　2011年，我协助番禺区教研室指导番禺区南阳里小学的谢璧姗老师、番禺区实验小学的胡武华老师参加广州市练习课评比，他们获得了二等奖。(课题：四年级"四边形单元练习课")

　　2014年，我指导番禺区钟村中心小学的张艳媚老师参加广州、佛山、肇庆三市中小学(中职)微课征集评选活动，她的微课获广州市三等奖。(课题：三年级"解决求经过时间问题")

　　2017年，我指导番禺区东城小学的李淑怡老师、北城小学的黄丽群老师参加广州市练习课评比活动，课例二年级"有余数除法练习"获一等奖，四年级"乘法分配律练习"获二等奖。

　　④获得区级奖励的有：

2010 年 4 月，我协助番禺区教研室指导番禺区实验小学的胡武华老师参加广州市第五届说课比赛，其说课获一等奖。

2010 年 10 月，我协助市桥城区教育指导中心指导南阳里小学的谢璧姗老师参加番禺区优秀练习课课例观摩评比，其课例获一等奖。

2011 年 11 月，我协助市桥城区教育指导中心指导市桥桥东小学的林哲新老师参加番禺区说课比赛，其说课获一等奖。

2012 年 7 月，我指导番禺区市桥桥东的林哲新老师参加番禺区教学（数学）新秀评比，其课题获三等奖。

2013 年 10 月，我指导番禺区钟村中心小学的陈嘉健老师参加广州市中小学青年教师教学基本功和技能竞赛活动，其课题获番禺区二等奖。

2015 年，我指导番禺区钟村中心小学的张艳媚老师执教"分数的简单应用"课例，该课例在番禺区小学数学教师（青年组）教学观摩评比活动中荣获二等奖。

2018 年 4 月，我在广州市小学数学教师（非青年组）教学观摩活动中指导北城小学的黄丽群老师执教四年级下册"乘法分配律练习课"，其课题斩获一等奖。

2018 年 4 月，我在广州市小学数学教师（非青年组）教学观摩活动中指导东城小学的李淑怡老师执教二年级下册"有余数的除法练习课"，其课题斩获一等奖。

…………

无论被辅导的老师是我校的还是外校的，是市桥的还是其他镇的，我都默默地付出，不求任何回报。其实，跟着教研员在指导众多老师时，我自己的进步更大。我看懂了"教材的编写意图"，知道了什么是"数学思想和方法"，明白了什么是"用教材"，懂得了"经历知识的形成过程"的重要性，学会了什么是"磨课"，确立了"做一个家长满意、孩子喜欢、有自己思想的数学老师"的目标，坚定了"做一个优秀小学数学教师"的信念……

3. 不经一番寒彻骨，怎得梅花扑鼻香

只有来自教学一线的真问题、小问题，才是值得研究探讨的课题。作为一线的教师，我一直坚持"从小问题做实小研究"的教研思想，以提高自身学科核心素养和教研水平为目标，努力从"经验型"教师向"专家型"教师转变，并逐步成为小学数学界的"立体教师"！

在人人做课题的火热大环境下，我却静下心思考：最能够促进一个教师成长的教研方式是什么？广州市教研室的杨健辉老师给了我答案——多写教学案例，多做教学反思，多进行小课题研究。

因此，从2005年到现在，我一直坚持把教学个案写成教学案例，在案例里反思自己的教学行为，使案例研究横向发展、纵向延伸。四个大循环的教学让我对"应用题""解决问题""问题解决"有很多思考，我围绕人教课标版"小学数学解决问题"的研究做课题，一做就是15年。

15年沉下心来对"解决问题"进行跟踪，我感悟了：教材的改变，其最终目的是改变教师教的方式，从而影响学生学习方式的改变！数学的学习不是计算，不是解题，解决问题不是简单地用什么"法"，要具体问题具体分析，综合运用所学知识和经验、技能解决问题才是解决问题的核心，才是学习数学的价值所在！

在带领教师进行课题研究的过程中，我的观念不断更新，眼界不断扩大，全面深入研究和创新的能力不断增强，促进了自身的专业化成长，教育科研水平上了一个台阶。

从2005年开始立项的广东省基础教育课程改革专项研究课题"区域性文化资源利用与开发的研究"的子课题"小学数学（解决问题）系列教学设计及课件资源开发研究"，到2007年的"小学数学五年级解决问题课堂教学实效性研究"，再到2017年的"小学数学'解决问题'教学设计的实效性研究""小学数学解决问题教学研究""图示法解决问题实效性研究"等，12年的重心都倾注在思考小学数学的"解决问题"课堂教学中，我最终写成《大胆放手的回报》《"解决问题"教学模式初探》《小学数学"解决问题"系列教学设计及课件资源开发研究报告》《"解决问题"资源的开发与利用初探》《充分挖掘主题图的教学资源》《"解决问题"教学实效性研究报告》《以课题引领，扎实推进新课程实施》《探讨"解决问题"的教学》《"解决问题"教学工作总结》《新课程"解决问题"课堂教学实效性研究》《新课程理念下的"解决问题"该关注什么》《"解决问题"该关注什么——以取商近似值教学为例》《"画图"让解决问题更有效》《小学数学低年级图示表征"解决问题"教学初探》《纸上得来终觉浅，绝知此事要躬行》《小学数学"解决问题"的策略初探》……这些文章全部获市级以上的奖项，大部分发表在国内正式刊物上。更重要的是，这些文章写的是一个主题，那就是"解决问题"。

四、幸福之源，鱼知水恩

回想自己成长的过程，我真的很幸运。我得到了广州市、区局领导，指导中心领导以及校长的许多帮助和指导，这 30 年是一个不断接受更高期待、更大信任、更多关爱的历程，我以百折不挠的态度真真切切地学到了很多宝贵的教学经验。正是这样的学习态度，使我的课堂教学的技巧不断充实，这有效地帮助了我更好地完成教学工作；正是这样的学习态度，使我知道了什么是备教材，什么是备学生，懂得了教师光有一桶水是不够的，必须有源源不断的补充；正是这样的学习态度，丰富了我的教学经验和教学方法，给我的教学工作带来了很大的帮助；正是这样的学习态度，让我少走了许多的弯路，踏上了快速成长的捷径。

回首过去，思绪纷飞，感慨万千，我哭过、笑过、沮丧过、奋发过、感慨过，甚至畏惧过、退缩过，但是从来没有放弃，我始终在向前，一直在成长。

第二篇

我的教学主张

传递爱是最好的教育

——我的教学主张

我是一名平凡的从城市走进乡村的女教师。

回顾从教 30 年，从城市最好的学校（韶师附小）走进一所农村学校（陈涌小学），我一直坚守在小学数学教学的第一线，把爱全部奉献给了"教师"这一职业，并且为做一名优秀的小学数学老师不停地努力着。在领导的关心、专家的引领下，我一步一个脚印，并在番禺区教育局的支持下成立了"甄慰数学名师工作研究室"，在广州市教育局的支持下成立了"农村教师专项培训工作室""广州市甄慰数学名教师工作室"。

30 年的小学数学教学中，我很幸运，经历了四套人教版不同教材的近四次大循环，从最老的人教大纲版、人教实验版到现在的人教课标 2001 版和 2011 版。四套教材的数学教学经历，让我积累了丰富的实践经验，练就了一定的处理教材和驾驭课堂的能力，对教材的处理有自己独特的见解。每个循环的教学都让我有很多的思考，从开始的"如何教会学生做题"到今天的"如何让学生学会思考"，是我这 30 年教学生涯质的飞跃的体现。更幸运的是，我到了农村之后，发现城市与农村的最大不同是：在城市，家长非常担心孩子的学习，如果你的课没有上好，可能还会有家长辅导孩子。而在农村小学，你可能比家长更担心孩子的学习，课上不好，你只有自己帮自己！这正是促使我教学行为发生质的改变的根源。

近 15 年，我一直对人教课标版"小学数学解决问题"做研究，我感悟到：改变教材，最终目的是改变教师教的方式，从而去影响学生学习方式的改变！数学的学习不是计算，不是解题，解决问题不是简单地用什么"法"，它要的是"具体问题具体分析"，综合运用所学知识和经验、技能解决问题才是核心，才是学习数学的价值所在！这 15 年，我的教学主张不断发生变化：从第一个五年的"回归本真"，到第二个五年的"教学无痕有迹"，到第三个五年的"生活数学，大道至简"，再到现在的"传递爱是最好的教育"。我在蜕变着……

第一阶段：回归本真

"本真"在《现代汉语词典》中解释为"符合本色而真实"。我所思考的"回归本真"，有两个含义：

一是蔡元培先生所言"尚自然，展个性"，尊重、珍惜孩子的天性与个性，让孩子回归本真。因此，在我的课堂上，总是充满着师生间情感、语言的互动，形成了质朴自然、务本求实、宽松和谐、决不刻意雕饰的教学风格。课堂上，学生积极投入学习活动，获得愉悦的情感体验。我允许学生表达自己的不同意见，允许学生犯错误，允许失败，长期的"展示"和"暴露"，可以让学生拥有较强的思维能力与答辩能力，这是我课堂教学的最大特色。

二是还数学课堂应有的教学形态，回归数学教育之本真，让学生在数学活动中享受学习数学的快乐。我在传授数学知识的过程中，会自觉地、有意识地培养学生的思维能力，不仅要求学生知道"是什么"，而且要让学生明白"为什么"，学会怎样去分析问题和解决问题；让学生经历从"想学"到"能学"再到"会学"的过程，使学生在感受体验的基础上，获得数学知识，把握数学方法，形成数学思想；让学生积极投入学习活动，获得愉悦的情感体验，就是数学回归本真。

第二阶段：教学无痕有迹

教学有法，教无定法。我认为，完成任务是课堂教学的基本，而将任务完成得毫无痕迹，却是一种境界。苏霍姆林斯基说过："把教育意图隐蔽起来，是教育艺术十分重要的因素之一。"教学以一种自然和谐的方式实施可以不留痕迹。任何一种教育形式，孩子在其中越是感受不到教育者的意图，它的教育效果就越大。

因此，我认为，在备课时，教师得留下自己对教材思考的痕迹：读懂教材的编写意图，正确理解教学内容的核心思想，把握好教学建议，梳理好知识之间的相互联系，提炼出教材的重点和难点，仔细揣摩教材中提出的问题……多问自己为什么，如教材呈现了哪些内容，为什么要这样呈现，根据教材内容可以设计哪些相关的数学活动，通过这些数学活动要解决哪些问题，达到什么目的，等等。

我在实际教学时会根据教学内容、学生的年龄特点和接受能力以及自己的教学风格等因素，当讲则讲，该练则练，想议则议，使学生真正处于学习之中。我没有固定不变的教学模式，我善于把意图隐蔽起来，把自己对教材的思考融入自己的课堂，以便在与孩子沟通的过程中发挥作用。"聊着聊着"，孩子从隐蔽了意图的教学中受到启发、感染，教学内容变得丰富、生动，这就是"无痕"。"聊天"中，观察、操作、比较、概括、猜想、推理、交流等数学思维活动，学生经历了数学化的过程，获取了广泛的数学活动经验，使数学教学成为一个生动活泼、主动而富有创造意义的过程，从而在学生的思维深处留下知识发生、发展的痕迹，达到了教育目的，实现了教育意图。这就是"有迹"。

第三阶段：生活数学，大道至简

"万物之始，大道至简，衍化至繁"出自老子的《道德经》，其中"大道至简"的意思是大道理（指基本原理、方法和规律）是极其简单的，简单到一两句话就能说明白。因此，我的课堂都遵循此原则：课堂的呈现简单而深邃，学生的感受简单而深刻，教师的表现简约而不简单。

近几年，在各级专家的影响下，特别是杨建辉老师常说的"回归数学的本质"让我思考更多。小学数学的教学内容既来自课本，也来自学生生活。学生生活经验是很丰富的，它们是学生学习数学的重要资源。每一个学生都有各自不同的知识体验和生活积累，在解决问题的过程中每一个人都会有自己对问题的理解，并在此基础上形成自己解决问题的策略。所以，在杨老师的影响下，我的课堂开始关注生活经验的提取、重视生活经验的丰富，将数学"化繁为简"：让学生回顾类似的经验，唤醒学生回忆、提取已有的生活经验。但数学学习的最终目的是让学生学会如何运用所学知识去解决生活中的问题，在生活中找到与数学思维的"联系点"。用数学思维进行联系、思考并形成习惯，学生就会在面对实际问题时，主动尝试从数学的角度运用所学的知识和方法寻求解决问题的策略，从而促进自身问题解决能力的提高与发展。我的教学任务就是教会学生从"会想"走向"会用"，形成一种策略，让学生在解决问题的过程中逐渐体会到学数学的价值。

但是，我知道，"简单"课堂需要"不简单"的教师。在课堂上学的数学知识，学生可能会忘掉。然而，铭记在心的数学精神、数学思想、研究方法和看问题的角度等，不管他们将来从事什么工作，都能随时随地发生作用，使他们受益终身。在我的课堂中，我一定会给学生留下独立思考的时间，如在操作前，需要思考如何操作；操作后应该思考通过操作得到了什么结论；如果操作失败，还需要反思导致操作失败的原因。教师要让学生学会遇到问题能够自觉地从数学的角度进行观察和思考，用数学去观察、解释，形成一种数学化的思维习惯；要让学生在学习数学的过程中逐渐由感知到感悟，直至理解、内化，从而使数学学习像呼吸空气般简单。

第四阶段：传递爱是最好的教育

新的变化来自 2012 年我班一个特殊孩子的到来。20 年前，我心心念念的是如何让孩子扎实掌握数学知识。15 年前，我绞尽脑汁想的是怎么把课程标准落到实处。如今我深刻理解了什么才是"教书育人"！因为他，我的教学行为发生了更大的变化，我明白了，母爱有情，师爱无边，比传递知识更重要的是传递爱。

更大的变化来自 2016 年 3 月，由番禺区教育局领导精心组织安排，我在北京亦庄实验小学进行了为期一个学期的跟岗学习。亦庄实验小学跟岗学习的体验"包班"生活中，有与众不同的育人环境、与众不同的课程设置、与众不同的师资队伍、与众不同的管理方式、与众不同的学生……我的心一直被一股激情冲击着，一个全新的教学环境，让我受益匪浅，思考颇多，它拓宽了我的视野，使我对教学、教育有更深层次的认识与感悟：教育是培养孩子获得未来！

从担任班主任、教研组长到教导主任、副校长，从一位学校的普通青年教师到镇上教学骨干、区内数学名师再到市数学名师，我一步一个脚印得到了成长。我开展校内外的指导、公开课和专题讲座，让数学老师们记住了我这位来自农村学校的副高级教师。我获得了众多荣誉，如"全国新教材优秀实验教师""小学数学教研活动积极分子""广东省骨干教师""广州市优秀教师"。此外，我还是"广州市小学数学十佳青年教师""番禺区名教师""广州市名教师工作室主持人"……

回顾自己成长的历程，就是一个不断接受更高期待、更大信任、更多关爱的过程，其中有各级领导的指引和提携，有许多专家温暖而有力的扶助，我因此而幸运地进入了快速成长的轨道。"路漫漫其修远兮……"一路走来，我不断承受压力，不断获得鞭策，但这压力正是我踏上人生新征程的动力，令我上下求索，促我前行！因为我知道，一颗求上进的心、一个想进步的愿望会让我不待扬鞭自奋蹄！

把握课堂教学本质，还课堂"本甄"

什么是课堂教学之"本"？我想这个"本"应该有两层意思：一是教学目标，是课程标准中规定的目标；二是学生，以学生为本。如果目标把握不清，课堂就成为"无本之木"；如果课堂不能以学生为本，课堂就成为"无源之水"。

"本甄"的第一个含义："本甄"谐音"本真"，可以理解为"返璞归真"。

"本甄"的第二个含义：甄别，出自晋代葛洪的《抱朴子·论仙》，本义是鉴别、区别，强调认真、慎重地鉴别，审查辨别，考核鉴定。简单地讲，就是"聊着聊着就明白了，错着错着就对了"。

一、深度解读教材编写意图是还课堂"本甄"的前提

1. 系统了解知识点的相关内容

研读教材，必须对这个知识点的相关内容有系统的了解。如：各个知识点目标达成的程度，与之相关的知识是怎样的编排顺序？分别安排在哪一册？为什么要按照这样的顺序来编排？知识之间有怎样的联系？对后面的年级、其他知识点的作用又是什么？

如三年级上册的"四边形"：

课本	一年级下册	二年级上册	三年级上册	三年级上册	四年级上册
内容	认识图形	角的初步认识	认识四边形	周长	平行四边形和梯形
有何关系	直观认识长方形、正方形，能辨认和区分长方形和正方形	认识角（直角、锐角、钝角），角的各部分名称，画直角	从边和角的角度认识四边形，在认识四边形的基础上学习长方形、正方形的特征	根据周长的概念计算特殊四边形的周长	在认识四边形的基础上认识平行四边形、梯形的特征；四边形的关系

2. 深度解读本课任务

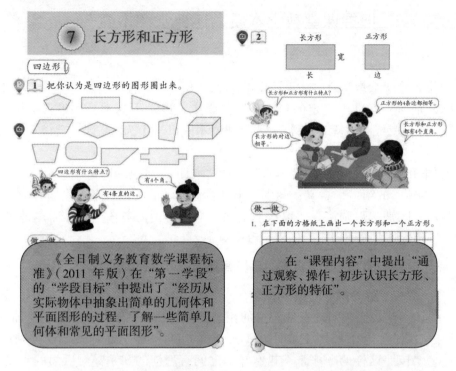

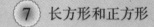

通过对比、辨析加深对四边形内涵的认识。

在学生把自己认为是四边形的图形圈起来后，可让学生把图形分成"四边形""非四边形"。先让学生说一说分类的理由，再对比、辨析四边形的特点。可增加反例以加深认识。教材中并没有给出四边形的定义，可以让学生用自己的语言描述什么样的图形是四边形，以加深对四边形的理解。对其他规则图形也可以让学生尝试说出它们的名称，如五边形等，丰富学生对图形的认识。

丰富学生对四边形外延的认识。

在明确了四边形的本质属性后，要把它关联到一切同类事物，明确其概念的外延。通过对四边形概念的肯定和否定例证的辨析，使学生对四边形的概念得以分化，强化认识。例如，"做一做"第2题，让学生在点子图中画出各种各样的四边形后，在汇报时注意引导学生说一说长方形、正方形、梯形、平行四边形、菱形以及任意四边形之间有什么不同，进一步把握这些图形的共性和各自的特点，为后续的学习做好铺垫。

本甄课堂

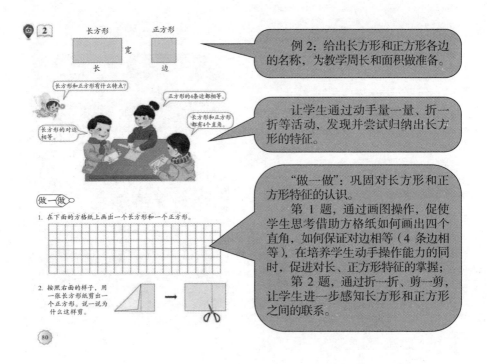

例2：给出长方形和正方形各边的名称，为教学周长和面积做准备。

让学生通过动手量一量、折一折等活动，发现并尝试归纳出长方形的特征。

"做一做"：巩固对长方形和正方形特征的认识。

第 1 题，通过画图操作，促使学生思考借助方格纸如何画出四个直角，如何保证对边相等（4 条边相等），在培养学生动手操作能力的同时，促进对长、正方形特征的掌握；

第 2 题，通过折一折、剪一剪，让学生进一步感知长方形和正方形之间的联系。

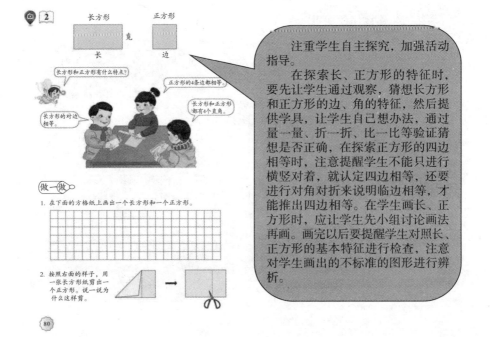

注重学生自主探究，加强活动指导。

在探索长、正方形的特征时，要先让学生通过观察，猜想长方形和正方形的边、角的特征，然后提供学具，让学生自己想办法，通过量一量、折一折、比一比等验证猜想是否正确，在探索正方形的四边相等时，注意提醒学生不能只进行横竖对着，就认定四边相等，还要进行对角对折来说明临边相等，才能推出四边相等。在学生画长、正方形时，应让学生先小组讨论画法再画。画完以后要提醒学生对照长、正方形的基本特征进行检查，注意对学生画出的不标准的图形进行辨析。

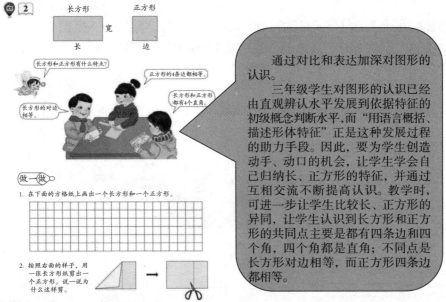

综上所述，本课任务有：(1) 区分四边形，发现并概括四边形的特征；(2) 直观认识各种四边形，了解各种四边形的共性和各自的特点；(3) 长方形和正方形各边的名称，为教学周长和面积做准备；(4) 发现并尝试归纳长方形的特征；(5) 感知长方形和正方形之间的联系。

二、研究学情，把握学生认知起点

1. 关注学生的已有经验

学生的已有经验十分丰富，包括生活经验、数学活动经验、操作活动经验等。在一年级，学生已经直观认识了长方形、正方形、平行四边形、三角形、圆等平面图形。

学生对四边形的感知明显带有个体认识的成分，是他们"自己的经验"，这种经验很大程度上是原始的、粗浅的、局部的、零散的、模糊的，甚至是不准确的、不科学的，虽如此，却也是十分难得和可贵的。

2. 关注学生原有知识对理解新知识的影响

重心：激活学生的生活经验与相应的知识，让学生学会从"边"和"角"两个维度观察图形的特点。

原有的知识经验有积极的、消极的，甚至是错误的，找清楚学生的错误点、模糊点和混淆点便于及时地更正和强调。

积极的：学生知道、见过、会画规则的长方形、正方形和角。个别学生知道平行四边形是四边形。

消极的：不会从数学的角度（从"边"和"角"两个维度）分辨四边形的特征。对凹多边形没有经验。不认识优角（180°＜ a ＜ 360°），认为"图11"只有三个角。

思维定式：凸多边形中，部分学生认为只有长方形、正方形是四边形。画四边形的时候只会画长方形、正方形。部分学生认为长方形、正方形不是四边形。

图 11

模糊点：不能判定菱形、梯形、不规则四边形是不是四边形。部分学生对四边形的特征认识看似准确，认为"四边形有四条边"，但实际上对四边形的特征还不清晰。

混淆点：少部分学生可能会把平面图形和立体图形混淆。

3. 引导学生把已有经验转化为新知识

（1）尊重学生的不严谨表述，引导学生把原始概念提升为数学概念

学生表述难点至少有三种：一是学生停留在直观感知上，不能敏锐地从四边形的边或角的特点思考；二是概念不清晰，很多学生凭直觉判断，没有标准（抓手）可言；三是很难用语言完整地表述思考的过程。

提供直观认识各种四边形的机会：

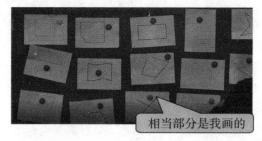

你想象中的四边形是怎么样的？大家画的四边形有什么共同的特征？

相当部分是我画的

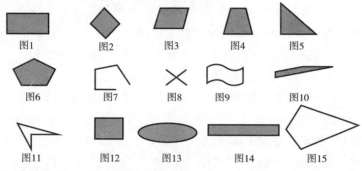

图1　　　　图2　　　　图3　　　　图4　　　　图5

图6　　　　图7　　　　图8　　图9　　　　图10

图11　　　　图12　　　　图13　　　　图14　　　　图15

师：你想象中的四边形是怎么样的？

生：有四条边，有四个角。（这个经验是形象的、未经抽象概括的、模糊的、不严谨的。这就需要我们增加一些平面图形的正、反例来一步一步地加深学生对四边形的认识。）

师：图7你认为是四边形吗？

生：不是，开口了，没有围起来，没有四个角。

师：也就是判断一个图形是不是四边形，除了看是否有四条边、四个角，四边形的四条边必须围起来。（板书：围起来）

师：那图9呢？

生：图9的边是弯的。

师：也就是四边形的四条边必须是？

生：直直的。

"辩一辩"中让学生把已经建立的四边形的表象以物化的形式表达出来，加深对四边形内涵的认识。让学生用数学语言描述四边形，引导学生把原始概念提升为数学概念，掌握四边形的特征。

（2）鼓励学生反对权威，激励学生"斗"学生，发动学生教学生

建立一种意识——权威和现成的答案并不总是正确的。任何事情都有一个"为什么"，都值得去问，重要的不是答案，是经历这个抽丝剥茧、甄别的过程：

师：上面展示的四边形中，你认为哪个是四边形？哪个不是四边形？为什么？

生1：图1、2、3、4、12、14都是，因为它们都有四条边，有四个角。

生2：图5不是，它是三角形。（掌声响起）

生3：图10也是。（数出四条边、四个角给大家看，掌声响起）

生4：图13也不是，它是圆的，只有一条边。（掌声响起）

生5：图6也不是，它有5条边。（掌声响起）

生6：它是五边形，四边形必须有四条边、四个角。

生7：图7不是，开口了，没有围起来，没有四个角。（掌声响起）

师：（板书：围起来）也就是说，判断一个图形是不是四边形，除了看是否有四条边、四个角，四边形的四条边必须围起来。

生8：图8也不是，它的四条边没有围起来。（掌声响起）

生9：图9的边是弯的，四边形的四条边必须是直的。

生10：我认为图11是，它有四条边、四个角。（数出四条边、四个角给大家看）

（学生很快数出四条边和其中三个锐角，对于优角，学生有点犹豫。）

生10：之前是怎么判断一个图形是不是角的？（指）角有一个顶点两条边，它也是角。

师：请把掌声送给他，能根据我们刚才发现的四边形的特征进行判断。（掌声响起）

（3）经历有效数学活动，积累数学活动经验

第一次画四边形，是呈现自己已有的经验。第二次画四边形，是呈现四边形的两个维度（即边和角）的特点。第三次画四边形，是呈现长方形、正方形的两个维度（即边和角）的特点。再通过"议一议""辩一辩"，把原始概念提升为数学概念，用数学语言描述四边形以认识数学上的四边形，掌握四边形的特征。

（4）注重数学思想方法的渗透，提高学生的数学能力

类比策略是一种数学思想方法，也是一种知识迁移。"我们之前是怎么判断一个图形是不是角？"当前问题与过去问题的相似性，激活学生相应的知识经验：角是从顶点和边两个维度判断的。"那四边形怎么判断？"进行经验提升，以生成新的经验：从"边"和"角"两个维度观察图形。运用类比迁移解决"为什么是四边形"的问题，促进学生的经验从一个水平上升到更高水平，使学生对图形的把握更加准确。

"宁要真实的缺憾，勿要虚假的完美。"唯有本真，才能看见那与众不同的细节，才能使课堂更简约、扎实、灵动、高效，才能让我们的数学课堂创造出不一样的特质！重要的不是答案，是经历这个抽丝剥茧、甄别的过程。过程看似朴实无华，细细琢磨，方能体会其中滋味。

游戏与数学
——"高矮"教学实践与反思

【案例描述】

游戏一：摘苹果

在黑板上画一棵大树，树上挂满苹果，有高有矮。

师：秋天来啦，苹果熟了，谁愿意把苹果摘下来放到篮子里？

生：我来我来！（学生摘到下方的苹果，怎么都拿不到黑板上方的苹果。老师却轻松地将苹果拿下来。留下一个学生：冯卓然。）

师：卓然为什么没能摘到苹果，而老师为什么能摘到呢？

生：因为老师长得高，卓然长得矮。

师板书：高、矮

师生：老师和卓然比，老师高，卓然矮，老师比卓然高，卓然比老师矮。

（说明：新课开始时，学生的精神状态还处于高度兴奋的阶段，此时若把游戏引进课堂，可以给学生一个强烈的刺激，引起他们兴奋中心的转移，从而进入最佳的学习状态。轻松愉快的摘苹果游戏，让学生置身于一个真实的情境中，兴趣盎然地参与到活动中去，从而唤起学生内心已有的生活经验——一眼就看出谁高、谁矮，自然地引出"高、矮"的概念，为下面比较高矮的方法做好铺垫。）

游戏二：全体学生参与"想办法比身高"

师：老师个子高，小朋友个子矮，你们一眼就看出来了，现在你们找自己身边的同学比比高矮，看看你们能不能一下子就比出谁高、谁矮？

（全体学生参与"想办法比身高"，探索比高矮的方法，并汇报。）

生1：我们是这样（演示面对面）比的。

师：谁知道这样比叫怎么比啊？

生：面对面比。

师：大家觉得这种方法可以吗？

生：可以。

生2：我们是这样（演示背靠背）比的。

（学生想出了三种比较高矮的办法：面对面比、背靠背比、靠墙比。）

（说明：听过的，忘记了；看过的，记住了；做过的，掌握了。把"书本的数学"变为"活动中的数学"，这里采取游戏的形式，通过站一站、比一比、

29

看一看、想一想、说一说，体悟、寻找、理解了高矮的比较方法，无意注意和有意注意有节奏地交替着，使感性活动逐步过渡到理性活动。）

游戏三：猜一猜谁长得更高

演示课件情境图：

  图一   图二   图三   图四

师（出示图一）：请小朋友们猜一猜，谁长得高些？

生：男比女高。

师（出示图二）：看看到底谁长得更高？

生1：女孩高。

生2：一样高。

师（出示图三、图四动态课件）：请你看看谁长得更高？

生1：女孩高。

生2：一样高。

师：原来是女孩高些，对他们比较高矮的办法你有什么意见？

生1：两人比身高不能一个人站在凳子上，一个人站在地上。

生2：也不能踮起脚比。

师：那你们说应该怎么比较高矮？

生1：站直比。

生2：立正比。

生3：还要大家站同一个地方，不能一个人站在凳子上，一个人站在地上，也不能踮起脚。

老师总结：判断高矮要统一标准，大家首先应该脚跟并拢站直，立正来比，可以用背靠背的方法比，也可以用面对面的方法比。

（说明：学生亲自体验，实际操作后感知了"高矮"的概念，再进一步通过辨误游戏，了解比身高的正确方法。在"猜一猜"这个环节中，学生进行观察、分析、评价，利用自己已有的生活经验来学习新知识，掌握比较高矮的正确方法，从而培养了学生的评价能力。）

游戏四：找朋友

师：请找3个比自己长得高的人，找3个比自己长得矮的人，并说出三个人中，谁最高，谁最矮。

（说明：心理学表明，课堂教学中儿童一般前 20 分钟的精神比较集中，到临下课，学生身心疲劳，情绪开始低落，在课堂练习时设计一系列有目的、有层次、有趣味的竞赛游戏，可把学生的兴奋状态持续到下课。而找朋友游戏把高与矮的相对性渗透给学生，顺理成章。）

【案例反思】

一、学生已有的经验是学生主动学习的基础

建构主义教学论明显指出：复杂的学习领域应针对学生先前的经验和学习兴趣。只有这样，才能激发起学生的积极性，学习才可能主动。

对于一年级学生的学习，应该做到将他们日常生活的活动规范化、常识经验系统化，因此，学生已有的生活经验对于他们理解数学知识是十分重要的。这些"经验"是学生的"数学现实"，同时，正是通过经验，学生经历一个从具体到逐步抽象的过程，将生活中有关数学现象的经验进行类比、分析、归纳，加以总结，从而逐渐建立起规范化、系统化的数学知识。我们的课堂教学需关注学生已有的生活经验，引导学生自主探索。

本课中，学生对"高矮"并不陌生，都有不同程度的了解，但是他们知道哪些知识，教师不能武断估计。所以，设计"找自己身边的同学比比高矮""说说你是怎么和身边的小朋友比高矮的"等开放性的活动，能让学生充分展示原有的认知水平和自己的思维过程、认知个性，让学生在原有的基础上有所发展，为学生的主动学习打下了良好的基础。

二、兴趣是学生主动学习的源泉

兴趣的发生，实际上是学习成功的起点。苏霍姆林斯基指出，学生对课堂学习知识不感兴趣，智力情感就会贫乏，就会对新知识、新事物、丰富的思想和认识的敏感性变得迟钝。课堂学习如果具有思想、感情、创造、美和游戏的鲜艳色彩，那学习就会成为孩子们感兴趣而又富有吸引力的事情。所以，我们的教学设计更应注意从生活和学生的角度去选择内容、设计图画、编写例题、设置练习，学生就会知道数学知识不是高高在上的，而是存在于生活当中。

"高矮"的现象日常生活中经常可以接触到，学生学习时并不觉得是一种负担，而会主动地进行观察、猜测、交流等数学活动，通过运用数学知识解决日常生活中碰到的"高矮"问题，体会生活中的数学，体会数学的乐趣。

三、和谐的课堂教学氛围是学生主动学习的保障

巴班斯基说："教师是否善于在上课时创设良好的精神心理气氛，有着重大的作用。有了这种良好的气氛，学生的学习活动可进行得特别富有成效，可以发挥他们学习可能性的最高水平。"实践证明：良好的课堂情感气氛能激活学生的脑细胞，激发他们的学习兴趣，开发他们的思维潜能，从而有效地促进他们接受新知识，并在获得新知识的基础上进行联想、综合、分析、推理等创造性的学习，进而提高课堂的效率和质量，使师生都获得精神上的满足。本课教学中，我与学生处于一种游戏和玩耍的状态中，使得学习变得更有趣，和谐欢乐的教学气氛让学生的自尊心得到保护，自信心得到体现，刺激了他们的表现欲，从而产生学习的动力。

尊重孩子，允许孩子有玩的权利是人类进步的标志。对于刚从幼儿园入学的儿童来说，游戏就是生活，生活就是游戏，玩是孩子的天性，如何让孩子在游戏中学习？作为老师，不能光想如何阻止孩子玩耍，而应尽可能地让孩子从玩中获益，在游戏中成才。

注：此文发表在 2004 年第 11 期《广州教学研究》上。在"2004 年广州市小学数学教学案例征文评比"中荣获一等奖，颁奖单位为广州市教育局教研室、广州市小学数学教研会；在"2004 年番禺区基础教育课程改革初中、小学优秀案例评选活动"中荣获一等奖，颁奖单位为广州市番禺区教育局教研室。

大胆放手的回报
——两步应用题的教学及体会

　　应用题是小学数学教学的重点和难点，传统应用题教学中，教师重视提供一套标准的样板，以让学生学会解答某类型题这一结果。"审题—分析数量关系—列式解答—总结解题规律"的教学步骤过于强调应用题教学的模式、套路，从而形成了以单纯的抽象数量关系分析、解答形式化的应用题以及以形式化解答过程为基本特征的陈旧的教学模式。它使部分学生在应用题面前丧失自信，导致了学生数学能力发展的片面性。

　　基于此，在人教版九年义务教育教材小学数学第五册 75~76 页的含有三个已知条件的两步应用题中，我以解决问题的形式来组织教学。

一、提出问题

出示图：

　　师：从图中你看出什么？你利用这个条件能解决什么问题？

　　（说明："你利用这个条件能解决什么问题？"重在提供给学生适量的信息，但不一定是完整的，这是学生力所能及的，是最"合适的问题"。以这个问题为起点，促使学生对已有的信息进行分析，建立联系——知道红花和紫花的朵数，能求出这两种花的总数。）

二、求异拓展

　　师：在问题上加一个"红"字，你还能解决这个问题吗？为什么？

　　生1：不行，题目问的是红花，给出的条件是紫花和黄花。

　　生2：红花和紫花、黄花没有关系！

　　师：那请你创造一个使红花和黄花、紫花有联系的条件。

　　生：（1）做的红花比黄花和紫花的总数少5朵；

　　　　（2）做的红花比黄花和紫花的总数多5朵；

　　　　（3）做的红花是黄花和紫花的总数的2倍；

　　　　（4）做的黄花和紫花的总数是红花的2倍；

（5）红花和黄花、紫花的总数同样多；

（6）做的红花比黄花和紫花的差多6朵；

（7）做的红花比黄花和紫花的差少6朵；

（8）做的红花是黄花和紫花的总数的2倍多5朵；

（9）做的红花是黄花和紫花的总数的2倍少5朵。

……（老师选择不同的条件进行板书）

（说明：亚里士多德说，思维是从惊讶和问题开始的。在传统教学中，教师平时总是教学生分析应用题，特别是两步计算的应用题，教学所用的数学语言的句式大多是"要求……就必须知道……""要知道……就一定要先知道……"之类。显然，这对培养学生的推理能力、线性思维能力是大有好处的，但同时也产生了弊端。例如，学生的思维被套进一个固定的模式，这不利于学生灵活地运用知识解决实际问题，尤其不利于创新思维的发展。像"必须""一定要"等带有思维指向性、规定性的数学语言，往往会使学生的思维呆板。因此，我有意识地设疑，"那请你创造一个使红花和黄花、紫花有联系的条件"，使学生因"疑"生奇，因"疑"生趣，去积极探究创新。在学生自己创造条件的过程中，中间问题已经完成内化。）

三、研究问题

1. 判断创设的条件。

2. 把创设的这些条件分分类，讲理由。

四、自主探索，解决问题

师：先解决最容易的，再向有难度的挑战。

五、揭示规律

讨论这几道两步应用题的结构及分析解答方法上的异同后，你发现了什么？

（说明：创造多次合作研讨的机会给学生，使他们充分利用集体的力量，共同发现问题、解决问题，使优等生的才能得到施展，中等生得到锻炼，学习有困难的学生得到帮助，各个层次的学生都得到满足，从而使学生的主动性和创造性得到有效发挥，把创新意识转化为具体的创造行为。在对比书上例题和全班创设的多种条件及解决问题的办法后，学生会意识到"我们想到的比书上还多！我们都很聪明"。这样学生品尝到成功的快乐，成了学习的主人，树立了学好数学的信心。）

课堂上，学生的创造能力给我带来了无限的惊喜，课后，我兴奋不已，深深感到"放手"的回报真是不错。

体会之一：不要被教材束缚了手脚

"用教材而不是教教材"，这是每个老师耳熟能详的一句话，我们可以根据自己的理解创造性地使用教材、重组教材，把教材调整得更符合学生的实际，更加有利于我们的教学，使我们的数学课堂真正实现为学生发展服务的目标。课本的复习引入和例题的呈现改为引导学生通过收集、分析信息去创设中间问题，去解决问题，在呈现方式上没有拘泥于课本的思路、教材的教法。很明显，"创设中间问题"从激活学生思维的深度上下功夫，每一个学生都积极参与到知识的教学过程中，学生通过自身的分析、综合、比较、抽象、概括，解决两步计算的应用题这一知识在"创设""分类"中自己生成、内化了，真正体现了以学生为本。

体会之二：合适的问题

"问题是数学的心脏。有了问题，思维才有方向；有了问题，思维才有动力；有了问题，思维才有创新。"四个问题贯穿本课。

问题一："你利用这个条件能解决什么问题？"与学生水平相适应，学生力所能及。

问题二："那你能创造一个使红花和黄花、紫花有联系的条件吗？"信息的分步呈现和让学生自主呈现相结合，使每个学生都成为提供信息的主体，改变以往学生坐等信息的现象，使之主动提供，以获得解决问题的信息。教学中所呈现的信息，为解决"红花有多少朵"这个问题而提供的信息明显不足，这个问题具有较大的开放性，又有较强的探索性，使学生获得较大的思维空间，学生处于积极发现、探索、创新的学习状态中，他们的聪明才智和创造潜能才能得到有效的开发。

问题三："你能把这些创设的条件分类吗？"这个问题可促使学生对已有的信息进行分析研究、补充或筛选，以获取有效信息，提高了信息处理的能力。这个问题具有较强的相关性，有利于学生掌握思维的方向，从而加深对"解决两步应用题"的理解。

问题四："请讨论这几道应用题的异同，看能发现什么。"通过对比，将学生创设的不同的题型联系起来，使学生掌握解答这类应用题的解题思维方法和解题规律，培养了学生独立探索的能力。

体会之三：相信学生，大胆放手

我没有按照以往做应用题的解法进行：读题审题（包括审条件、审问题、审单位、审关键词句、审难易程度等）—摘录条件问题（对关键词句"打点画线"）—从问题出发分析、从条件出发分析、画线段图分析—列式解答。这种做法会导致学生思维僵化，没有个性，缺乏创造性，也会给学生传输一个误区，即任何数学问题都具有完整的结构，包括"适量"的条件、"唯一"的答案、相对"程式化"的数量关系等。

我淡化应用题的解答方法及过程的标准化要求，相信学生，大胆放手，结果学生的思路被打开了，不但突破了两步应用题教学的"中间问题"这一难点，还想出了许多不同的题型，假如按照教材处理的方法去教学，学生将失去这次创造的机会。因此，在教学中，我们应充分相信学生有能力自己去学习，自己能解决自己提出的问题，"相信学生，大胆放手"有时会比教师教更加有效！

在实施素质教育的今天，只要我们转变教学观念，放下架子，摆正位置，摒弃"我只有教你才会"的教学思想和"牵着学生走"的教学路子，给学生一个创新的支点，创设足够的创新空间与创新机会给学生。在这种氛围中，学生定能发挥自己的聪明才智，定会带给你无限的惊喜！

参考文献：

[1] 沈超 . 新课程下怎么教应用题 ?[J]. 小学数学教师，2004(7):11-18.

[2] 李军 . 对当前应用题教学改革的几点思考 [J]. 山东教育，2005(5).

好课需多磨
——磨"三角形"练习课

我不知"磨课"一词的由来，但我想可能是出自"磨刀不误砍柴工"一说。没有好的筹备，哪会有完美的执行过程？一次次的试教，一次次的反思，一次次的更新，就是一次次的收获！

观摩广州教研室杨健辉老师指导的人教版小学数学四年级下册第86～89页（含练习十四）"三角形"练习课的其中一个环节后，我深切地体会到了"磨课"过程中的困苦与彷徨、希望与欣喜，对一堂好课的由来也有了更深刻的认识。

案例描述：

三角形的练习是学生学习了有关三角形的知识（其中包括三角形的特性、三角形的分类、三角形的内角和）之后的一节练习课。本课的教学是通过练习加深对三角形的特性，几种三角形的分类、特点，三角形内角和及三角形边角之间关系等知识的巩固、理解。

第一个环节，我们设计的练习有两个层次。第一层次，通过对三角形边的长度的思考判断三条边是否能围成三角形，引导学生从最简单的情况开始考虑问题，加深对"三角形任意两边的和大于第三边"的特性的认识，但没有简单地停留在"判断是否能围成"的层面上。接着第二层次，以"能拼成什么三角形？"提问，挖掘问题的各个侧面，思辨中要求学生根据边的长短考虑所围图形的特征，沟通知识间的内在联系，把知识纵向引申，完善知识体系，使数学知识在活动中得以延伸、综合、重组与提升。这是一个探究与构思的过程，难度较大。

这是一个简单的小环节，三次不同的实施带来的是不同的效果。

第一次实施

每个学生的桌上有五组小棒：① 3、4、5，② 6、6、6，③ 4、6、10，④ 5、5、9，⑤ 4、7、8。（单位：cm）

课件出示五组小棒图：1.判断哪组能拼成三角形？ 2.能拼成什么三角形？

教师话音刚落，学生立即取出小棒摆，有学生按小棒的厘米数用直尺画三角形，学生能准确判断出哪组小棒能拼成三角形，大部分学生能写出可以拼成什么三角形，耗时约13分。

思考与调整

（1）为什么学生没有利用"三角形任意两边的和大于第三边"的特性去思考，而拿小棒直接拼？我们的目的不是要拼出结果，而是要让学生在整个探究过程中不断反思，不断地修正自己的观点与想法，一步步逼近正确结论。在这个过程中，学生的想法、观点、结论可能是不正确的，探究的道路可能是曲折坎坷的，但学生的体验是深刻、真实的，这一过程中，学生的数学思考能力可以得到有效培养。于是，我认为可以增加一份"活动指南"。

（2）3、4、5是连续的数据，拼成的是一个直角三角形，学生会不会误以为只要是连续的三个数据就能拼成直角三角形？教师可以把第5组小棒换成5、6、7，同样是连续的三个数，但这组数据拼成的是一个锐角三角形，让学生明白，不能以偏概全。

第二次实施

每个学生的桌上有一份活动指南与五组小棒。

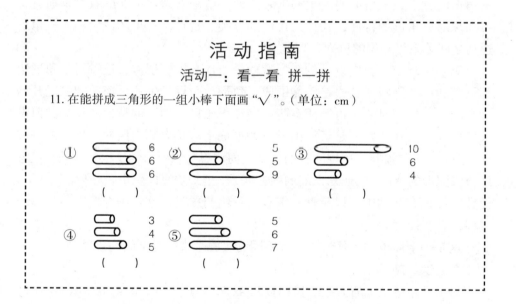

活动指南

活动一：看一看 拼一拼

11. 在能拼成三角形的一组小棒下面画"√"。（单位：cm）

师：能拼成三角形的一组，请在（　）里画"√"，并说说各能拼成什么三角形。

思考与调整

能一眼判断"6、6、6"这组小棒能组成等边三角形的学生都会直接摆。教师可以调整课件以及活动指南，仅出示线段的数据，删去小棒图，并将学生桌上的五组小棒改为三组细纸条：②5、5、9，④3、4、5，⑤5、6、7。目的是让学生对数据进行思考，在不能确定的或需要验证的情况下才摆小棒。

第三次实施

师：三角形是由三条线段围成的图形，请看，这里有几组线段的数据，仔细观察每组数据的特点，想一想哪组能围成三角形。如果能围成，在下面的括号里画"√"。

课件出示五组线段数据。（单位：cm）

①6、6、6　②5、5、9　③10、5、4　④3、4、5　⑤5、6、7

活动指南

活动一：看一看 拼一拼

11. 在能拼成三角形的一组数据下面画"√"。（单位：cm）

①　　　6 6 6　　　②　　　5 5 9　　　③　　　10 5 4

（　　　）　　　（　　　）　　　（　　　）

④　　　3 4 5　　　⑤　　　5 6 7

（　　　）　　　（　　　）

师：同学们想一想，剩下的四组各能围成什么三角形呢？

学生通过对数据的判断，得出第①组围成的是等边三角形，而且是锐角三角形，第②组围成的是等腰三角形。对于第②④⑤组，学生猜想可能是钝角三角形、锐角三角形或直角三角形，无法从数据判断是什么三角形。

师：既然有不同意见，就请同学们拿出小棒亲自摆一摆，看看究竟是什么三角形。（学生摆动小棒）

教师引导学生将②④⑤的结果说出来，再引导学生发现连续数据3、4、5的特点。

教师在这个过程中引导学生自觉地检查自己的思维活动，推动学生由概念判断过渡到反省抽象，反思自己是怎样解决问题的，应用了哪些基本的思考方法，走过哪些弯路，原因何在，从总结中领悟，让思维得到提升，让学生从"会"过渡到"熟"，由"熟"过渡到"活"。

一个小小的环节，在三次实践、反思、调整后才真正发挥了此题的功能！一堂好课更是需要花费很长时间去研究。它不一定需要华丽的课件，但必须深入揣摩目标，反复琢磨教案，一次次试教、磨炼，在不断反思中精益求精。正所谓"宝剑锋从磨砺出，梅花香自苦寒来"，磨课的过程是学习的过程，研究的过程是我们教师专业成长的最好途径。

浅谈低年级数学学习习惯的培养

叶圣陶先生说："什么是教育？一句话，就是要养成良好的学习习惯。"良好的学习习惯能让一个人受益终身。帮孩子养成好习惯，是小学起步阶段的重中之重。低年级学生有许多大大小小的习惯要着重培养，为以后的学习打好基础。网上搜索，口耳相传，教师多年总结的经验，如课前准备、专心听讲、敢于表达、独立完成作业、认真书写、与人合作、阅读、复习等，都是一些非常重要的学习习惯。可是，观察、思考、分析、操作、读题等体现数学学科特点的习惯往往不被广大数学教师重视，甚至被忽视。现结合自己在低年级的教学经验浅谈低年级学生数学学习习惯的培养。

一、观察的习惯

观察是一个人认识事物的重要途径，是智力活动的基础，是完成学习任务的必备能力。要培养孩子的观察能力，首先要提出明确的观察目的、任务和要求；其次，教授观察的详细方法，有针对性地进行指导。以二年级"观察物体"一课为例：

教师出示小熊。

1. 游戏一：本位观察

你坐在小熊的（　　）面？你看到的是小熊的（　　）？

2. 游戏二：改变位置观察

想不想看到小熊的另外一面？音乐响起的时候，你最想到哪个位置看小熊，自己就走到小熊的哪个位置观察小熊。

音乐停，你就站好，然后告诉你周围的小朋友，你看到小熊的哪一面。

3. 回到原来的位置，谁还没有看到小熊的正面？如果这些同学想看到小熊的正面，你有什么办法？

4. 小结

我们知道了要观察物体不同的面，除了改变自己的位置，也可以改变物体的位置。

从本位观察、换位观察、全面观察让孩子们亲身体验观察的角度不同，看到的小熊的样子也将不同，体会全面观察的必要性。在游戏中，孩子还了解到要观察物体不同的面，除了改变自己的位置，也可以改变物体的位置，由此领悟到解决问题可以有不同的方法，体现了解决问题策略的多样化。如此有目的、有计划、有选择地教给孩子们观察的方法，让孩子们学会在观察中发现、明白一些道理，这是培养观察习惯的重要前提。

小学低年级数学教材中蕴含着异常丰富的观察内容，便于学生观察学习，也是逐步培养学生观察能力，养成认真、细致的观察习惯的重要凭借。

二、操作的习惯

苏霍姆林斯基曾说："儿童的智慧在他的手指尖上。"的确，动手操作是儿童认识事物的重要手段，儿童在动手操作中获得直接经验。低年级孩子的思维以感性认识为主，让学生在课堂上亲手动一动，胜过老师一遍又一遍地讲。如三年级"可能性"中体验"不确定事件"一环节。

师：如果要让人能从盒子里摸到白色、红色、橙色或者绿色的球，该怎么办呢？

生：就要放白色、红色、橙色、绿色的球。

师：想试试吗？下面我们就来验证你们的猜想。（学生放球，并摸球验证）

要求：A.每个人摸三次，组长安排好顺序。

B.每个同学摸之前，大家都先猜猜他将摸到什么颜色，看谁能猜中。

师：你能猜中自己每次摸出的球是什么颜色吗？为什么？

生：不能每次都猜中，盒子里有四种颜色的球，所以有可能摸到白的，有可能摸到红的，有可能摸到黄的，也有可能摸到绿的。（板书：可能）

师：通过摸球，你发现了什么？

生：如果摸红色的猜中有奖，就放少点红色。

…………

从不确定现象中去寻找规律，这对学生来说是一种全新的认识。如果缺乏对随机现象的丰富体验，学生较难建立这一认识。之前学生在经历确定现象的形成过程中，已经逐步丰富了对确定现象的体验。所以，通过操作，让学生在观察、猜测、交流、试验、验证等数学活动中，充分感受和体验不确定现象形成的条件和事件发生的可能性，使学生直接感受到所研究的"不确定现象"是这样的普通、平凡、有趣，使学生明白事件发生的可能性以及游戏规则的相对公平性。

有了这一操作的过程，再抽象的"可能"就有了清晰的表象，实现了由抽象到形象的过渡。

三、分析的习惯

新教材主题图往往是一幅集知识、思想、情感于一体的图画。它贴近生活，有人物，有情节，色彩鲜艳，主题鲜明，但往往信息量过大，容易将孩子绕在圈子里,学生不能发现其中的数学问题,不但冲淡了"数学味",还影响了"双基"的落实。这就要求我们根据主题图引导孩子发现数学信息,提出数学问题,明确研究的主题。如二年级上册第 23 页例题 4 的解决问题之"求比一个数少几的数"。

片段一:创设情境,寻找信息

师:(出示全校卫生评比图)在全校卫生评比图上,你看到哪些信息?把你看到的信息告诉你的同桌。

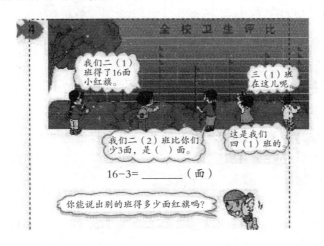

学生汇报收集到的信息……

教师把学生找到的信息板书,并在相对应的位置注明班级。

片段二:分析信息,筛选信息

师:你们收集到的信息真多,那我们首先需要解决什么问题?

生:要解决的问题是二(2)班有多少面红旗。

师:解决这个问题需要什么信息?是不是所有的信息都需要用到呢?

生:只要找同二(2)班有关系的信息就可以了。

师:这么多信息里面,哪些信息同二(2)班有关系?

生:二(1)班得到 16 面小红旗,我们二(2)班比你们少 3 面。(教师把这两个信息圈出来。)

师:这个"你们"指的是哪个班?

生:二(1)班。

师:谁能把我们要解决的问题和相对应的信息用一句话完整地说出来?

生:二(1)班得到 16 面小红旗,二(2)班比二(1)班少 3 面,二(2)班得几面小红旗?

师：二（2）班比二（1）班少3面，是谁和谁比？两个数量到底谁多？谁少？

生：二（2）班和二（1）班比，二（2）班少，二（1）班多。

以学生熟悉的、感兴趣的事件——卫生评比作为教学的切入点，为学生发现数学问题、探索数学问题提供了丰富、生动、有趣的资源。由于提供的素材比较丰富，对话和图画中呈现的条件显得杂乱无序，解题时需要整理条件。因此首先要让学生学习处理好信息，把发现的数据信息化、量化，增加思维的含量。小学生在思考问题时，经常会被表面现象迷惑，而抓不住事物的内在规律和本质。信息呈现太多，学生会感到混乱，分析信息就是把其他无关的信息剔除以克服孩子思维的表面性、绝对化与不求甚解的毛病，使其思维深刻。

四、思考的习惯

数学是思考性极强的一门学科。在数学教学中，教师必须使学生积极开动脑筋，乐于思考，勤于思考，善于思考，逐步养成独立思考的习惯。课堂上的思考习惯的形成主要来源于两点。首先，思考的习惯来自教师的有意发问。如二年级"观察物体"一课。（教师出示长方体盒子）

1. 看

一张画有正面和背面，这个盒子又有几个面呢？（板书：上面、下面、左面、右面、前面、后面）

告诉你的同桌，你能看到盒子的几个面，分别是哪几个面。

2. 议

为什么有的同学能看到两个面，有的同学能看到三个面呢？能不能6个面全看到？最多能看到几个面呢？

3. 悟

通过看盒子，你又明白了什么？（坐的位置不同，看到的也不同。）

4. 议

这个盒子，它的前面、左侧面、右侧面都是什么颜色的？（红色）你们能确定整个盒子是红色的吗？为什么？

5. 悟

通过上面的例子，你又明白了什么？

6. 小结

要想了解一个物体的整体情况，需要全面去观察，下面我们就从正面、背面、侧面去观察物体。（板书课题：观察物体）

其次，教师要鼓励学生质疑问难。凡事问一个"为什么"，这实际上是一种刻苦钻研、不断进取的精神。如果学生在提问中提出一些离奇的问题，教师不应扼杀其提问积极性，而应加强引导、鼓励，并和同学一起分析、讨论。经过独立思考，学生就可能产生新的见解，有了见解就会有交流的愿望，有了交流又可以产生新的思考，从而使学生乐于思考，勤于思考，善于思考，逐步养成独立思考的习惯。

五、读题的习惯

学生若没有养成独自读题的习惯，在解决问题时就会对题目要求一眼看过，不求甚解。教师要创造读题机会，教授读题方法，让学生能读懂题目，说准题意。

学生对题的理解程度如何，若学生不用自己的语言表述，教师难以及时得到输出的反馈情况。通过说，学生间可以相互取长补短，可以争论探讨，可以去伪存真，在思辨中加深理解，提高审题技巧。

一年级的学生还没有掌握一定的默读能力，出声轻读、用手指辅助阅读能帮助他们不漏字、不添字，读懂意思。

学生读题时按照一定的顺序去读，一般从上到下，从左往右。另外还要让孩子看题目序号，告诉孩子，什么叫大题，什么叫小题，让孩子说一说题目要求我们先干什么，再干什么。

一年级学生已进入儿童期，同时又未完全脱离幼儿期。由于有的学生生活体验不够，对"贵""便宜"的理解不够清晰，这时候，老师就要向学生讲清什么叫"贵"，什么叫"便宜"。

我们也曾是学生，但是，扪心自问，学过的知识、考过的题目我们又记得多少？教师的责任不仅是向学生传授知识、培养能力，更重要的是，通过各种教育教学环节，在传授专业知识的同时，以自身的道德行为和魅力，言传身教，引导学生寻找自己生命的意义，实现人生应有的价值追求，塑造自身完美的人格。

小学数学课程虽然与高考、就业一类的目标相距较远，但却是整个基础教育中最重要的部分。通过数学学习习得的解决问题策略、思维方式、思想方法及运用工具的能力都将对学生日后的学习和工作发挥重要作用。

低年级作为小学的起始阶段，培养良好的数学学习习惯，不但可以为中、高年级的数学学习打下坚实的基础，而且还能为学生的发展奠定基石。

浅谈小学数学教师课堂评价语的几个原则

由于应试教育观念的长期影响，学生、家长、教师很容易把对学生的评价同考试、分数联系在一起。而新的《数学课程标准》中指出："学习评价的主要目的是为了全面了解学生数学学习的过程和结果，激励学生学习和改进教师教学。应建立目标多元、方法多样的评价体系。评价既要关注学生学习的结果，也要重视学习的过程；既要关注学生数学学习的水平，也要重视学生在数学活动中所表现出来的情感与态度，帮助学生认识自我、建立信心。"

有人说："教师的语言如钥匙，能打开学生心灵的窗户，如火炬能照亮学生的未来，如种子能深埋在学生的心里。"可见，教师对学生正确的评价是何等重要啊！因此，教师应掌握必要的评价原则，充分发挥评价在数学课堂教学中的正确导向和激励作用，使学生的智力和身心得到全面积极主动的发展。教师在数学课堂教学中应该怎样对学生进行正确的评价呢？

一、尊重——换我心，为你心，始知相忆深

美国著名作家和教育家爱默生曾精辟地指出："教育成功的秘密在于尊重学生。"在课堂教学中，学生对知识的理解、表达能力是千差万别的，教师不能以自己的意愿、以统一的标准去要求学生，应该在导向正确的前提下，允许学生有不同的观点。鼓励学生从不同的角度思考问题，就是尊重学生的最好体现。

如人教版小学数学教材四年级上册第三单元"笔算乘法"例题2：特快列车每小时可行 160 千米，普通列车每小时可行 106 千米。它们 30 小时各行多少千米？

出示例题后，有学生提出，先口算 $16 \times 3 = 48$，再在积的末尾添上两个 0；有学生提出"我喜欢笔算"，如：

$$
\begin{array}{r}
160 \\
\times \quad 30 \\
\hline
4800
\end{array}
$$

虽然本单元的内容是笔算乘法，但是两种计算方法是学生对简便算法的不同理解，老师都应当予以尊重。因此，我说："两种方法都能很快算出结果，每一种算法都各有各的道理，各有各的优势，你们觉得自己用哪种方法比较

合适，就用哪种方法。其他同学还有不同方法的，也可以比较哪种方法更方便，如果你觉得他们的方法好，也可以用他们的计算方法。"对学生用不同方法解决问题这样评价，能充分调动学生的主动性和积极性，让学生通过评价及时了解自己的学习情况，调整自己的学习行为。

无论是成绩不好的学生、有过错的学生甚至有严重缺点和缺陷的学生，还是和自己意见不一致的学生，教师对学生的情感交流都要发自内心，热爱他们、关心他们、信任他们、尊重他们，建立平等友好的师生关系。去掉教师的尊严与权威，不靠"长者"的身份压制学生，以亲和的情感、慈爱的态度去感染学生，让学生自然生成敬佩感、信服感、信赖感。

二、公平——甘露时雨，不私一物

所谓公平，简单地说就是办事合情合理，不因学生的学习成绩好坏而对学生采取不同的对待方法，更通俗地说，就是对学生没有偏向。

课堂中，教师在讲解任何内容的时候都融合着自己的认识、评价和态度，而这种情感色彩会自然而然地传给学生。这种感染作用比教学内容更重要，正是这种作用使学生产生了兴趣、信心、激情和毅力，而教师的公平是前提！作为学生来讲，老师对他的评价、要求、表扬、批评、鼓励，甚至老师的一个不经意的眼神、脸色等都会成为他们进行公平判断的依据。比如班干部违反了纪律，受到的只是像对一般同学那样的几句批评，有的同学可能产生不公平感。所以教师必须关注每个学生，善于捕捉孩子的忧愁、疑惑、惊讶、不满、愤怒、欢喜等细微的情感，用公平的心去欣赏每一个学生，赞扬每一个学生。

对每天数学作业的完成情况，我都进行小结："今天某某同学作业字体最端正，某某同学计算最准确，某某同学最积极更正错题，某某同学比以前认真很多，某某同学作业有很大进步，某某同学作业全做对了，如果写得再工整些就更好了……"同样的作业，"公平"地对班上所有学生进行适当的鼓励和表扬。表扬学习好的学生，尖子生得到肯定，对后进生不断认可，后进生就有了前进的信心。古人云"良言一句三冬暖"，公平前提下的评价，目的不是甄别和选拔，而是促进学生达成学习目标，激励他们树立信心，积极向上。这样，即使教师指出学生的不足甚至给予批评，学生所感受到的仍是教师对自己的关注和期望，他们会觉得自己能行，自己有闪光点，并不比别人差，也能学好数学，并由此产生进步的动力。每个人都是平等的，只要教师公正地对待，他们都能在应有的位置上发挥最大作用。

三、激励——良言一句三冬暖

教育家苏霍姆林斯基曾经说过:"赞扬差生极其微小的进步,比嘲笑其显著的劣迹更文明。"德国教育学家第斯多惠认为:"教学的艺术不在于传授本领,而在于激励、唤醒、鼓舞。"

心理学研究表明:积极的鼓励(包括正确评价、适当的表扬)是肯定学生学习成绩和态度的一种方式,它可以激发学生的上进心、自尊心等。不用说学生,就是我们自己,也希望能得到别人对自己的肯定、鼓励、赞美。学生学习动力的来源,一是来自他人的肯定,这是外在的激励;二是来自学习本身的成功体验,这是内在的激励。每个孩子都渴望得到赏识,教师应该学会在各种各样的场合,捕捉最佳的教育时机,富有艺术性地鼓励学生进步。所以,我们应不失时机地对学生进行鼓励、赞美。如:对学生提问题的评价,教师可说"你很会提问题""你真有见解""你很善于思考"……对学生的回答多用"你真行""这个见解很独特""你理解得真好""你比老师说得还好""你真聪明""你真棒""你真努力""你答得真好""你进步了"……对他们取得的一点一滴的成绩,即便是微不足道的,也要大张旗鼓地进行表扬、鼓励,以增强他们的自信心。这些尊重、期盼的语言,不仅是对学生情感的激发,而且营造了一种平等、民主、和谐、愉悦的学习气氛,使学生的自信心大大增强。学生对学习的兴趣更浓,求知欲也更旺了。从教师激励性的话语、眼神或手势中,学生能找回自尊与自信,获得前进的动力与勇气,带着高涨的激动的情绪投入学习和思考中去。

四、适度——似惜雨晴天恰好

多找学生的优点,多使用激励性评语,但并不是说不能找缺点。新课程改革以来,我们批判旧的"师道尊严",我们积极倡导尊重、平等、以人为本等理念,要求教师"放下管理者的架子""蹲下来看学生""带上放大镜寻找学生的闪光点"……我们在欣喜之余,也应准确把握"尊重教育"的尺度,过分的尊重,将使我们的教育滑向"生道尊严"的那一端!激励不在于对学生一味地表扬,如果老师总说"太棒了""好极了",这种评价缺少具体的指向,浅层次的、过度的激励性评价会造成学生自我感觉太好,对学习、工作的困难产生低估心态,使激励性评价在学生心中贬值。有的学生经不起批评和挫折,稍不如意就情绪低落。所以在展开激励性评价时,教师也不能忽视指正性、否定性的评价的作用。如果一味地、毫无原则地对学生进行"赏识""激励",而忽视给学生适度的挫折和指正,那么这种评价是不负责任的,是不完整的。在这个过程中,学生需要的是"宽容"而不是"纵容",他们应具备的是"个性"而不是"任性"。

过重的批评会使学生产生焦虑、恐惧的心理，过度的表扬会使学生沾沾自喜、忘乎所以；而程度较轻的批评起不到警醒的作用，程度较轻的表扬又不容易激发学生积极的态度。所以，"适合的才是最好的"，教师应力求做到既不伤害学生的自尊，又能让他们认识到自己的不足。因此，在新课程改革下对学生应提倡适度评价。

五、针对性——有的放矢，对症下药

针对性的评价能使学生进一步明确学习目的，能够做到自我教育、坚定学习信心并获得进一步探究的乐趣，提高学习的效率。所以，数学教学的课堂上，对学生的评价一定要正确、清楚、具体，不能模糊不清或模棱两可，让学生无所适从。教师对学生的学习活动根据具体的情况及时地实施针对性评价，就能有效地启发、点拨学生，训练学生的思维能力。

如在人教版新课标实验教材的计算教学中，无论是笔算还是口算，都不可避免地会出现算法多样化，如一年级上册第 95 页"20 以内的进位加法"中的例题：9+4。学生就说出了多种计算方法，一种是用一个一个数数的方法，1、2、3……13；一种是在 9 的基础上再数 4 个数，9、10、11、12、13，得 13；一种是先在 4 里面拿一个 1 出来，和 9 凑成 10，再加 3 得 13。通过交流呈现多样化的算法之后，我组织和引导学生评价三种算法的价值："哪一种计算的方法你最喜欢？为什么？"有针对性地让学生在比较过程中逐步体会"凑十法"的优势。不同情况下灵活地选择合适的算法是允许的，我们不必要求学生必须用"凑十法"，但是，应该让学生学会找到适合自己的算法，达到算法多样化和算法优化的有机结合。如果在这节课上，学生的每种方法我都去着重介绍，势必如蜻蜓点水，难以给学生留下深刻印象，也不会取得好的效果。因此，在教学时，评价的针对性往往能够起到点拨作用，让学生豁然开朗。实施针对性评价，不仅有利于突出教学的重点、难点，提高课堂教学的效率，达到提高学生的思维能力的目的，更有利于学生自身的发展。

此外，评价的针对性还表现在针对不同的学生要做出不同的评价，从而使评价真正发挥激励的作用。如对于那些平时发言较少、学习成绩较差的同学，教师要大加鼓励，以提高他们的自信心，激发他们学习数学的兴趣；对于成绩优秀、潜力巨大的同学，要准确诊断，既肯定成功之处，也指出不足之处，使其明确自己的优缺点，扬长避短，真正学有所获，使每个孩子得到不同程度的发展。

六、多元——山包海汇，教无定法

教育不仅要为社会培养合格的公民和人才，还要使每一个学生学会做人、

学会做事、学会合作、学会学习。因此，在新的课程标准中，评价范围不能仅限于知识和能力，即认知领域，还要包括过程和方法、情感态度和价值观。学生在学习活动和未来的生活与工作中，其知识技能、情感、态度、价值观与学习的过程和方法是紧密联系的整体，它们之间没有主次之分，对任何一个方面的忽视都可能造成学生发展的偏颇。因此，对学生进行多方面的评价是促进学生全面发展的必然要求。

　　教师在评价学生时，不应只注重等级、分数，而应从单一地评价学生学习成绩转向评价学生各方面的素质，以符合现代社会对多元化人才的需求。教师不仅要关注学生的学业成绩，而且要发现、发展学生多方面的潜能，帮助他们认识自我，建立自信。教师应运用发展的观念及动态方法综合评价学生在认知、情感、态度、创新意识和实践能力等方面的进步与变化。评价的目的在于帮助学生识别自己的强项和弱项，为学生提供有益的反馈，提出今后学习的建议。通过评价让学生提高自我认识、自我教育、自我进步的能力，不是为了衡量学生在群体中的位置，而是要在体现教师对学生关爱和尊重的基础上，通过评价促进学生在原有水平上有所提高，以培养积极向上、勤学好问、乐观开朗、团结友爱、遵章守纪、健康快乐的少年，让评价成为学生发展的源泉。

　　总而言之，评价是一门艺术，看似简单，却充满学问，极具魅力。通过评价，学生可以感受到老师的关注、老师的爱，看到自己的进步，认识到自己的不足，从而认识自我，建立自信，看到希望，产生动力，促进自身的全面发展。

经验迁移，让概念从模糊走向清晰

——小学数学三年级上册"四边形"教学实践与思考

《数学课程标准》指出，在教授数学知识与技能的同时，教师应重视学生已有的经验，使学生从实际背景中体验抽象的数学问题，以构建数学模型、寻求结果、解决问题。学生已有的经验十分丰富，包括学生的生活经验、数学活动经验和操作活动经验等。在数学课堂教学中，如何充分发挥这些已有经验的作用，促进学生数学活动经验的积累，下面我将结合自己对三年级上册"四边形"的教学实践谈谈我的思考。

一、教学实践

1. 提取经验，初步认识四边形

师：四边形，你听说过吗？

生：听说过。

师：你想象中的四边形是怎么样的？

生1：有四条边。

生2：有四个角。

（教师板书：四条边？四个角？……）

师：同学们的脑海里都有四边形的样子了，那能试着根据你的想象把它画出来吗？

（学生在点子图上画四边形，教师巡视，观看学生作品。）

（意图：学生面对数学学习，不再是一张白纸，他们拥有或多或少的生活经验、数学知识的学习经验、操作经验。在一年级,学生已经直观认识了长方形、正方形、平行四边形、三角形和圆等平面图形，但学生对四边形的感知明显带有个体认识的成分，是他们"自己的经验"。这种经验很大程度上是原始的、粗浅的、局部的、零散的、模糊的，甚至是不准确的、不科学的，但却是十分难得和宝贵的。）

2. 探索特征，积累数学活动经验

[展示学生画的四边形，教师补充凹四边形（图11）、凸四边形（图15）、菱形（图2）、梯形（图4），以及一些反例（图6、图7、图8、图9、图13）]

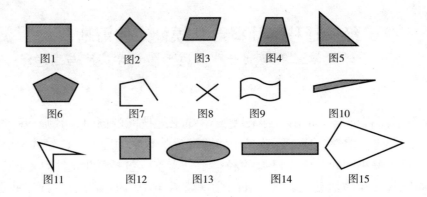

图1　图2　图3　图4　图5

图6　图7　图8　图9　图10

图11　图12　图13　图14　图15

师：上面展示的四边形中，你认为哪个是四边形？哪个不是四边形？为什么？

生1：图1、2、3、4、12、14都是，因为它们都有四条边，有四个角。

师：认同的请送给他掌声。

（掌声响起）

生2：图5不是，它是三角形。（掌声响起）

生3：图10也是。

师：你来数出四条边、四个角给大家看。（学生数）

（掌声响起）

生4：图13也不是，它是圆的，只有一条边。（掌声响起）

生5：图6也不是，它有5条边。（掌声响起）

师：那么我们一起给它个名字。

生：五边形。

小结：四边形必须有四条边、四个角。

师：现在剩下图7、8、9、11。

生6：图7不是，开口了，没有围起来，没有四个角。（掌声响起）

师（板书：围起来）：也就是判断一个图形是不是四边形，除了看是否有四条边、四个角，四边形的四条边必须围起来。

生7：图8也不是，它的四条边没有围起来。（掌声响起）

师：那图9呢？

生8：图9的边是弯的。

师：也就是四边形的四条边必须是？

生：直直的！

师（板书：直直的）：那剩下最后一个长得有点奇怪的图11，认为是四边形的举手（仅有几个），认为不是的举手（大部分）。

52

师：和旁边的同学交流一下你的看法。

生9：我认为是，它有四条边、四个角。

师：你来数出四条边、四个角给大家看。

（学生很快数出四条边和其中三个锐角，对于优角，学生有点犹豫。）

师：我们之前是怎么判断一个图形是不是角的？

生10：角有一个顶点两条边，它也是角。（学生指着图形）

师：是的，它具备角的特征，也是一个角，至于这个角叫什么名字，以后我们将会认识，它也是这个四边形四个角中的一个角。这个角比钝角大，比平角小，我们没有见过，它影响了我们的判断。

师：请把掌声送给他，（掌声响起）他能根据我们刚才发现的四边形的特征进行判断。请翻开课本……

小结：也就是判断一个图形是不是四边形，我们不要管它长什么样子，只要是有四条直直的边围起来、有四个角的图形，那么它就是四边形。

（意图：教材并没有给出四边形的定义，展示学生画的四边形，判断哪些是四边形，哪些不是四边形。学生用自己的语言描述什么样的图形是四边形，加深对四边形内涵的认识，对四边形的概念得以分化。辨析中，学生对四边形的认识从模糊趋向清晰，从形象趋向抽象。这是对自己已有的经验进行调用、调整、提升或者重新确立的过程，也是在活动中对新的知识不断接受、理解和内化的过程。这个过程实质上就是新的经验建立和生成的过程。）

师：把你认为是四边形的图形圈出来。（完成课本例题1）

师：在课本79页的点子图上画出几个不同的四边形。（反馈交流：展示、评论略）

小结：要判断一个图形是不是四边形，也要像判断角一样，抓四边形的特征。

3. 运用经验，探索长方形、正方形的特征

师：这些四边形里面，有几个是我们已经认识的图形？

（在学生的指引下挑出长方形和正方形。）

师：长方形和正方形都是特殊的四边形，它到底特殊在哪里？想想看。

生：长方形上下两条边一样长，左右两条边一样长，正方形四条边相等。

师：上下两条边、左右两条边在数学上我们把它叫作对边。小组同学一起想办法证明一下。

（学生用学具验证。）

生1：长方形对边相等、正方形四条边相等。

师：你怎么证明？

生：用尺子量。

师：还有别的方法证明长方形对边相等、正方形四条边相等吗？

生2：对折。（展示左右对折、上下对折证明对边相等，对角对折证明邻边相等）。

师：角呢？

生3：用三角板的直角比一比。

小结：我们用折一折、比一比、量一量的方法，发现了长方形对边相等，正方形四条边相等，四个角都是直角。（板书）

师：在方格纸上分别画一个长方形、一个正方形。（完成课本80页"做一做"第1题。）

师（展示学生作品）：怎么检查他画的是正方形还是长方形？（如何画出四个直角？如何保证对边相等？四条边相等？）

小结：画的时候要注意什么方法？

（意图：几何的初步知识，无论是线、面、体的特征还是某一种图形的性质，对小学生来讲都比较抽象。探索长方形、正方形的特征时，要让学生通过观察猜想长方形和正方形的边、角的特征，然后利用学具，自己想办法证明猜想是否正确。这里给学生充分的时间和空间，让他们通过观察、操作、有条理的思考和推理、交流等活动，从现实空间中抽象出长方形和正方形的特征，从而积累数学实践经验和思维经验，获得鲜明、生动和形象的认识，进而进行表象认知。）

二、我的思考

1. 准确把握认知起点，为提取经验做准备

小学生的数学学习与经验是紧密相连的，他们的学习就是一个经验的激

活、利用、调整、提升的过程，是"自己对生活现象的解读"，是"建立在经验基础上的一个主动建构的过程"。所学的新知识需要借助学生原有的经验，才容易被学生接受，变成学生自己的知识。

教材	一年级下册	二年级上册	三年级上册	三年级上册	四年级上册
内容	认识图形	角的初步认识	认识四边形	周长	平行四边形和梯形
有何关系	直观认识长方形、正方形，能辨认和区分长方形、正方形	认识角、角的各部分名称	从边和角的角度认识四边形，在认识四边形的基础上学习长方形、正方形	根据周长概念计算特殊四边形的周长	在认识四边形的基础上认识平行四边形、梯形的特征；四边形的关系

　　他们在之前的学习中，已经学到许多数学知识，积累了一些初步的经验。在一年级的学习中，学生经过观察、比较、描画等活动，利用正方体、长方体、圆柱体等不同形状的物体在本子上描、画、拓出各种平面图形，直观认识这些图形，能辨认和区分这些图形。对于长方形和正方形的认识，主要是直观地认识了形状，在这里则需要直观地感知四边形，能区分辨认四边形，从边和角两方面认识长方形和正方形的特征，这就要求学生对四边形、长方形和正方形的认识由表象深入本质。因此，我们要很好地把握住学生认知的起点，充分地挖掘和利用这些已有的数学学习经验，直接促进他们的数学学习。

　　2. 关注学生原有知识对理解新知识的影响

　　原有的知识经验有积极的、有消极的甚至有错误的，教师应找出学生的错误点、模糊点和混淆点以及时地更正和强调。

积极的	1. 知道、见过、会画规则的长方形、正方形，会画角 2. 个别学生知道平行四边形是四边形
消极的	1. 不会从数学的角度（从"边"和"角"两个维度）寻找四边形的特征 2. 对凹多边形没有经验。不认识优角（$180° < a < 360°$），认为这个图形里只有三个角
思维定式	1. 凸多边形中，部分学生认为只有长方形、正方形是四边形。画四边形的时候只会画长方形、正方形 2. 部分学生认为长方形、正方形不是四边形

模糊点	1. 不能判定菱形、梯形、不规则四边形是不是四边形 2. 部分学生对四边形的特征认识看似准确，认为"四边形有四条边"，但实际上对四边形的特征认识还不清晰，如 ⬭
混淆点	少部分学生可能会把平面图形和立体图形混淆

利用"同学们的脑海里都有四边形的样子了，能试着根据你的想象把它画出来吗"的问题把学生的模糊点和混淆点全翻出来。小学学习的多边形一般是凸多边形，由于学生受已有知识的限制，画出来的图形大多是正方形、长方形、平行四边形几种，所以在展示中教师就要提供直观认识各种四边形的机会，补充其他的不封闭的图形、边是弯曲的图形、凸四边形、凹四边形、斜摆的四边形、圆形、五边形等，这样既丰富了学生对图形的认识，又为后面的学习做准备。

3. 尊重学生的不严谨表述，引导学生把原始概念提升为数学概念

一至三年级之前所有的数学活动使学生获得了数量和几何形体的最初步的观念，因此，他们对"四边形"的认知仅仅是"有四条边""有四个角"。但这些是非正规的、不系统的，甚至是模糊的，或许还有错误。

因此，对什么样的图形是"四边形"，学生表述的难点至少有三种：一是停留在直观感知上，不能敏锐地从四边形的边或角的特点思考；二是概念不清晰，很多学生凭直觉来判断，没有标准可言；三是很难用语言完整地表述思考的过程。所以，我们有必要对他们的经验进行数学化。

师：你想象中的四边形是怎么样的？

生：有四条边，有四个角。

师：图7你认为是四边形吗？

生：不是，开口了，没有围起来，没有四个角。

师：也就是判断一个图形是不是四边形，除了看是否有四条边、四个角，四边形的四条边必须围起来。（板书：围起来）

师：那图9呢？

生：图9的边是弯的。

师：也就是四边形的四条边必须是？

生：直直的。

通过辩一辩，让学生把已经建立的四边形的表象以物化的形式表达出来，再一次丰富了对四边形的感知，进一步强化和巩固了四边形的特征，加深了对四边形内涵的认识。再通过"这些四边形都有什么共同的特征"的提问让学生用数学语言描述四边形，理解数学意义上边是直的、有四个角、封闭图

形的含义，引导学生把原始概念提升为数学概念，使学生认识数学上的四边形，掌握四边形的特征。

4. 类比迁移，学会从数学的角度构建新知

类比策略就是一种知识迁移。"我们之前是怎么判断一个图形是不是角的？"当前问题与过去问题的相似性，激活学生相应的知识经验：角是从顶点和边两个维度判断的。"那四边形怎么判断？"进行经验提升，以生成新的经验：从"边"和"角"两个维度观察图形。运用类比迁移解决"为什么它是四边形"的问题，促使学生的经验上升到更高水平，使学生对图形的把握更加准确。

"你认为这些图形，哪些是四边形？哪些不是四边形？为什么？"通过对这个问题的探究，引导学生逐步向以依据特征为主的初级概念判断水平转移。在数学化的思考活动中建构数学，把教学的关注点放在抓住平面图形的两个维度（即边和角）的特点进行量的刻画和描述，促进学生的认识从模糊趋向清晰，从形象趋向抽象，丰富数学活动经验。

学习数学知识是学生经验的组织和重新解释的过程，这就要求教师在平时的教学中，要从学生的生活经验和已有的知识背景出发，向他们提供参与数学活动和交流的机会，促使他们在学习新知识的自主探索过程中融入已有的认知，从而扩充、丰富、完善已有的认知结构，同时获得广泛的数学活动经验，为可持续性学习服务。

培养小学生自学能力浅见

现在的小学生是 21 世纪的建设者，他们应该成为具有独立思考和创造精神的新型人才，这就要求我们不但要传授知识、技能，更重要的是培养学生的自学能力，使之能独立思考、独立获取知识。我在小学数学的教学中，逐步认识到重视教法的同时，还意识到必须重视自学能力的培养，将教学立足点从"以教为中心"转为"教会学生学习"，使学生掌握科学的学习方法，达到优化课堂教学、提高教学质量的目的。

一、培养兴趣是学习动力的基础

所有智力方面的工作都赖于兴趣，实践证明，学习兴趣越浓，注意力就越集中，观察就越细致，思维越灵敏，记忆越深刻，学习质量越高。兴趣对学生的学习动机有非常明显的作用，能推动他们自觉探求，把"要我学"转化为"我要学"。课堂教学中，我除了注意创造生动活泼、轻松愉快的气氛外，还注意发掘教材的智趣因素，善于创设情景，把抽象、枯燥的数理概念变得新奇有趣，使学生带着高涨的情绪投入学习和思考中，完成一定的学习任务并掌握自学的方法。

如：在教"3 的整除特征"时，我先让学生随便说一些数，然后我判断能不能被 3 整除，当有的学生说到六七位数时，我都能对答如流，他们感到惊奇。我问："这有什么奥秘？你们想知道我为什么这么快能答出来吗？"这激起学生求知的巨大动力，促使学生兴致勃勃地投入学习，再通过用小棒在数位表上摆数的操作，探讨和深入阅读课本。这样带着学习目标，有的放矢，进入自学，能有序地逐一解决疑难。学生从参与探讨到知识形成的过程中，体会了获取知识的乐趣，获得了自学成功的喜悦。

二、学法指导是培养自学能力的重点

根据不同教材、不同的教学目标，引导学生掌握相应的自学方法。

1. 教给学生读书方法

课本是学习的依据，因此我重视教学方法。一教给学生读书的方法，让学生养成认真阅读、画出重点语句的好习惯。要求学生明白文意事理，对例题、有关概念要深刻理解，弄清关键所在；对应用题则要知道题目中的已知量和所求问题，把题目叙述转述成数量关系。例如：白兔有 36 只，灰兔有 20 只，白兔的只数是灰兔的几倍？转述成"求 36 是 20 的几倍"。二要求学生咬文嚼字，弄清字里行间的意思，弄懂一些表示数量关系的重要词语的含义，如应用题中"增加了""降低了""增加到"这一类关键词语，又如学习方程有关概念时，要弄懂"解方程"与"方程的解"中两个"解"的不同意义，"解方程"中的"解"是计算，而"方程的解"中的"解"是一个数值。

要求学生学会画重点，利用平时制定的符号，画出重点字、词和要注意的地方或不懂的地方。如六年级学习分数应用题时，引导他们分析题目中有关分率的句子，让学生用特定符号这样画：

六年级比五年级少 25%

————▲————●

1-25%　　"1"

这样他们明白了：六年级与五年级比，五年级是单位"1"的量，六年级比单位"1"少 25%，六年级的分率就是 1-25%。

读、画、思考结合，一方面促进学生认真读书，并养成一丝不苟的习惯，另一方面可使学生从认识问题的外部联系提高到认识问题的本质。

2. 培养学生的迁移能力

数学知识系统性较强，后继教材往往是前面教材的发展、拓宽，例题在知识结构、思维方法上都有共同点。教师应培养学生的迁移能力，把已掌握的知识以及思维方法迁移为新知识的依据。学生能把已掌握的思维方法、学习方法迁移到新课学习中，自学能力就有进一步的提高。如第十一册数学"求一个数的百分之几是多少"的百分数应用题，因为学生在前一单元已掌握了分数应用题的解法，所以学习这课时我先让学生去发现题中的叙述与已学的分数应用题的"求一个数的几分之几是多少"的数量关系相同，鼓励学生用分数应用题的解法试算，最后总结概括解题思路，由"求一个数的几分之几是多少"的思维方法变成了"求一个数的百分之几是多少"的应用题的思维方法。学生不但学得轻松，也学会利用和改造已有知识，以旧知识为依托，迁移思维推出新知，这既有利于培养学生独立获取知识的能力，又能使他们得到自学成功的喜悦。

3. 培养学生的动手操作能力

"化静为动，以动促思"是符合小学生好动的心理特点的教学方法，调动眼、耳、手等各种感官参与学习，有目的地安排学生动手操作，容易激发他们的学习积极性。让学生在实践中发现问题、理解掌握数学知识，这样既学知识，又长能力。

如教授第十二册数学"圆锥的体积"一节时：第一步让学生明确方向，从圆柱体与圆锥体特点的异同入手研究它们之间的关系，让学生动手试验，选出等底等高的圆柱体与圆锥体学具；第二步让学生用圆锥体装沙倒入圆柱体中，看几次可倒满，再把圆柱体的沙往圆锥体中倒，看几次可倒完，比一比圆柱体与圆锥体，发现它们之间有什么关系；最后学生得出结论，圆锥体的体积刚好是与它等底等高的圆柱体的体积的 1/3，圆柱体的体积是圆锥体的体积的 3 倍。

动手实验以进行知识探求，学生可在亲身实践中理解等底等高的圆柱体与圆锥体的关系，从而悟出圆锥体体积的计算公式。始终把学生放在主体位置上，积极帮助学生从形象思维到抽象思维的转化，不仅可以充分发挥学生学习的主动性，还可以培养学生的自学能力。

三、思维训练是培养自学能力的核心

1. 数学是思维的体操

会思考问题、分析问题是学生学会学习的重要标志，小学的数学知识是循序渐进的，有些内容在某些方面有密切联系。教学时，要教会学生运用联想、分析、比较、类推的方法，展示知识发展过程，推理、连接、沟通使他们领悟同中见异、异中见同的本质，了解知识之间的联系，从而做好数学思维训练。

如教学"比的基本性质"一课，先复习商不变的性质和分数的基本性质，然后让他们填空：

$$8 \div 0.5 = (8 \times \underline{\quad}) \div (0.5 \times 2) \qquad 1500 \div 300 = (1500 \div \underline{\quad}) \div (300 \div \underline{\quad})$$

$$\frac{2}{6} = \frac{2 \times (\ )}{6 \times 2} = \frac{(\ )}{12} \qquad\qquad \frac{3}{18} = \frac{3 \div 3}{18 \div (\ )} = \frac{1}{(\ )}$$

再引导学生思考比和除法的关系、比和分数的关系，推导出比的基本性质。学生通过温故知新，有商不变的性质、分数的基本性质的铺垫，自学中不难悟出比的前项和后项同时乘以或者同时除以相同的数（0 除外）比值不变的规律，找出了共同属性，在比较分析的思维活动中揭示事物的本质。

2. "疑"是思维活动的反映，"难"是解决问题的动力

任何发明创造都是从发现问题、提出问题开始的，学贵有疑，提出一个问题往往比解答一个问题更为重要。我们要注意培养学生爱提问题、敢提问题的心态和提出问题的能力，不仅要培养学生善疑，还要多鼓励他们独立思考，教给他们从教科书中、已有的知识中或参考书中寻求解答问题的能力。如在教学"圆锥的体积"时，有同学提出圆锥体和圆柱体为什么一定要等底等高，大家经实验后悟出：只有在条件最接近的情况下进行比较、分析，得出的结果才准确。如果不是等底等高，圆锥体的体积就不可能刚好是与它等底等高的圆柱体的体积的三分之一。

这样一来，大家在思、问、求答的兴奋状态下进行学习，大大地提高了

课堂教学的效率，缩短了掌握数学知识的过程，提高了教学的效果。

3. 语言是表达思维的工具

给学生口头表达的机会，无论是与教师答问、表达自己理解问题的依据、交换意见或是分小组讨论，都能够活跃思维、激发兴趣。这既能加强师生交流，从中获得反馈信息，充分地发挥学生的积极主动性，又有利于学生之间取长补短，进一步提高独立思考能力、问题分析能力、问题解决能力和口头表达能力，提高学生自学的素质。

培养学生的自学能力使其逐步养成良好的自学习惯，必须持之以恒，还要注意由易到难，由"扶"到"放"，因材施教，要注意辅导个别学习困难的学生。学生智力存在差异是正常的，对于差异较大、未能"赶上队伍"的学生，教师可通过帮助学生进行自学，循序渐进地引导这些同学"拾级而登"，使他们从"学会"到"会学"的过程中得到锻炼，提高学习的能力。

借助表象　构建概念

——"平行线"教学与思考

　　垂直与平行，研究的是在同一平面内两条直线的两种特殊的位置关系，在生活中有着广泛的应用。这部分内容是在学生认识了直线、线段、射线，初步认识了平行四边形的基础上进行教学的。在"空间与图形"的领域中，垂直与平行是学生以后认识平行四边形、梯形以及长方体、正方体等几何形体的基础，也是培养学生空间观念的一个很好的载体。我借助 2011 人教课标版《义务教育课程标准实验教科书·数学》四年级上册"平行线"谈谈自己的教学实践。

片段一：感受"关系"

　　师（出示学生学籍表）：大家入学的时候，都填了这样一张表。上面有"关系"两个字，填的是你和爸爸、妈妈之间的关系。

家庭住址				电话		
家庭成员						
姓　名	关系	年龄	工作单位		职务	联系方式

　　师：谁来说说你和父亲是什么关系，与母亲是什么关系？
　　生：父子、父女，母子、母女关系。
　　师：你与旁边的同学的位置关系是怎样的？
　　生：前后、左右。
　　师：你还能说出哪些"关系"？
　　生：3 与 4 是相邻关系，9 比 8 大是大小关系。
　　…………
　　师：父子、母女是人与人之间的关系，倍数、大小是数量之间的关系，前后、上下是位置的关系，图形之间也有一定的关系，今天我们就来研究线与线之间的位置关系。

（设计意图：小学生难以理解"相互关系"，因此，我以父子关系、母女关系等生活中两个人之间的关系引入，在数学概念与生活实例之间搭建起联系的桥梁，把"线与线之间的位置关系"转化成为学生头脑中的认识结构。）

片段二：生成素材

师：请在方格纸上画出一条直线。

（学生画）

师：画完了？

生（爽快）：画完了。

师：画完了？

生（迷惑）：画完了。

师：画完了？

生（醒悟）：没有，直线可以无限延长，画不完。

师：那请在这张方格纸上再任意画出第二条直线。想象一下这两条直线会有什么样的位置关系。

展示学生作品：选出几种有代表性的作品，贴在黑板上，并编上号。

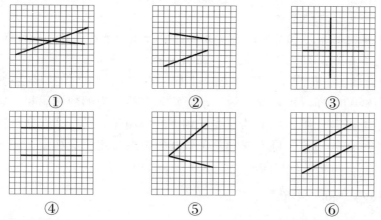

（设计意图：在纸上画一条直线，再画一条直线，让学生回顾"直线可以无限延伸"的同时亲身经历学习材料的生成过程，建立新旧知识之间的联系，为研究两条直线间的位置关系提供一个可操作的平台。在想象、操作中，学生知道了"平行线由两条直线组成，都在同一个平面内"，初步建立同一个平面内两条直线的位置关系的表象。）

片段三：观察分类

师：观察黑板上画在同一张纸上的不同位置的两条直线。请按一定的标准把这些图形进行分类。你根据什么来分类？

生：①③⑤号分为一类，它们有交叉。②④⑥号分为一类，它们没有交叉。

师：想象一下，②号图形的两条直线会不会交叉？

生：会。

师：为什么？

生：直线可以无限延长。

师：那把你想象的部分画出来。

（学生画）

师：看来根据直线可以无限延长的特点，②号也可以变成你们说的交叉（将②号归入①③⑤一类），这种（①②③⑤号图形）直线之间的位置关系在数学上叫作"相交"（板书：相交），相交的点叫"交点"。

师：这样（④⑥号图形）的位置关系叫作"不相交"。（板书：不相交）

师：④⑥号图形中的两条直线永远不相交吗？

生：不会相交。

师：你怎么知道？

生：它们两条线之间的格子数一样，一直画下去是不可能相交的。

师：想象一下，我们继续画，直线不断延长，会相交吗？

生：不会，永远不会。

师：像这样永不相交的两条直线叫作平行线（板书课题：平行线），也可以说这两条直线互相平行。（板书：互相平行）

（设计意图：让学生经历分类的过程，在直观感知、抽象概括的基础上，认识平行线的特征，积累学生的活动经验，渗透分类的数学思想。学生在想象中理解无限延长后不相交的直线互相平行，构建"平行线"这一概念。方格纸让学生看到距离保持不变的两条直线延长后肯定不会相交，同时也可以为后续研究"两条平行线间的距离处处相等"埋下伏笔。）

片段四："同一平面"

师：看看这两条直线是否互相平行？想象它们无限延长后会不会相交？为什么？

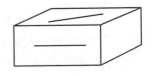

生：不会相交，因为一条直线在上面，一条直线在前面。

师：有道理，它们两条直线在不同的面上。

（设计意图：学生对于两条直线在同一平面的认识是浅层而模糊的，应该如何向学生说明"同一平面"的概念呢？借助一个长方体演示不在同一平面内的两条线，让学生产生疑问：这两条直线既然是不相交的，那为什么也不平行呢？于是老师再让学生找找这两条直线所在的平面，使学生明白"不在同一平面内"的道理。)

《全日制义务教育数学课程标准》指出：应注重使学生探索现实世界的空间关系，注重使学生通过操作、观察的手段逐步发展空间观念。在教学中，教师应注重所学知识与日常生活的联系，在学生已有的生活经验和知识的基础上进行教学。在"平行线"这一内容的学习中，应该通过操作、观察、想象等学习活动，借助表象，构建概念，发展学生的空间观念。

1. 想象助推，形成表象

学生对直线的认识是这节课的起点，"画完了吗？"突破"有限"到"无限"，激活已有认知，为后续学习"延长相交"埋下伏笔。接着，让学生在方格纸上任意再画一条直线，通过观察、分类、讨论、比较等多种活动体会在同一平面内两条直线的位置关系有相交和不相交两种情况。"想象一下，我们继续画，直线不断延长，会相交吗？"抽象的平行线的概念转变成具体的表象。学生在想象中，形成对"不相交"的深刻感知，初步学会把握事物的本质属性，形成清晰的概念表象。

2. 分类辨析，构建概念

学生在平行四边形以及长方形等图形中见过平行线，而且生活中随处可见平行的原型，头脑里已经积累了许多表象，但他们的感知明显带有个体认识的成分，这种经验很大程度上是原始的、模糊的，甚至是不准确的、不科学的，但却是十分难得和可贵的。因此，以分类为主线，引导学生自主探索，通过对比、辨析，从研究同一平面内两条直线的位置关系入手，逐步分析出两条直线的位置关系：有些线是交叉的，有些线是不交叉的。抓住了相交与不相交的本质，"相交""不相交"的概念从模糊趋向清晰，从形象化趋向抽象化。在这个过程中，学生对自己已有的经验进行调用、调整、提升或者重新确立，也对新的认识不断接受、理解和内化，实质上这就是概念的建立和生成的过程，也是学生正确理解"平行"的基础。

3. 适度延伸，完善概念

四年级学生年龄尚小，空间观念及空间想象能力尚不丰富，导致他们不能正确理解"同一平面"的本质，再加上以前学习的直线、射线、线段等研究的都是单一对象的特征，而垂线与平行线研究的是同一个平面内两条直线位置的相互关系，从数学的角度理解起来较为抽象。对于这种相互关系，学生还没有建立表象，教材里面也没有相应的练习或者文字去表现，这些问题都需要教师帮助他们解决。本课的教学中，学生对"同一平面"概念的认识是分步形成的：首先，让学生在同一张方格纸上画两条直线，初次体验"同一平面"；再借助长方体教具，让学生清楚地看到两条线段不在"同一平面"，以进一步帮助孩子知晓"同一平面"的概念。

浅谈新课程理念下的"用教材"

"用教材而不是教教材",这已经是每个老师耳熟能详的一句话,新课程标准给了教师创新的平台,要求课堂教学不能仅停留在"教教材"的浅层面上,更要达到"用教材"的深度。"用教材"就是要求老师把教材当作教学的基本材料或凭借,而不是唯一的依据,是把教材看作一个可参照的蓝本,在此基础上创造性地使用教材,整合课程资源,把教材调整得更符合学生的实际,更加有利于我们的教学,使我们的数学课堂真正实现为学生发展服务的目标。"用教材"要摒弃传统的教学模式,学会重组教材,如何做到善于取舍、善于调整,不被教材束缚手脚呢? 这是值得我们深思的问题,现举例谈谈我在教学中"用教材"的体会。

一、从学生的思维方式出发,重组教材

教师是数学活动的组织者、引导者与合作者,教材是学习知识的中介、桥梁,是帮助学习的手段。教师的教学不应该只是执行教材,数学教学活动必须建立在学生的思维方式和已有的知识经验基础之上。所以我们可以根据学生的具体情况,对教材进行再重组。

小学数学教材二年级上册第 5 页"线段"中,原教材所编排的是先给出三条线段的直观图,告诉学生这些都是线段,让学生直观了解什么是线段后,再让学生画一条 3 厘米长的线段。线段是几何初步知识中比较抽象的概念,二年级的学生年龄小,抽象逻辑思维能力还比较低,在课堂一开始就直接灌输线段知识,会对学生的感知造成一种消极的影响,不利于正确表象的形成,不利于概念本质的揭示。为了使模糊的、抽象的"线段"概念变得清晰易懂,又基于学生在前一课中已经认识了厘米,会用尺子量,根据学生的思维方式,我大胆打破教材原先的编排顺序,重组了教材。首先让学生在尺子上找出 3 厘米,问:"你能把这 3 厘米画在纸上吗? 画好后,同学之间互相说说你是怎么画的。"学生画完汇报:"是从 0 刻度开始画到 3 厘米的地方。"——感知线段有两个端点。教师及时引导:"你们刚才画的是一条线段,这条线段长 3 厘米。课本上也画了几条线段,请你们量量这几条线段有多长。"——感知线段是可测量的。"观察这几条线段,和你们刚才画的线段,有什么共同的地方? "——感知线段是直的。对比原教材编排,它先认识线段,再画线段,是从抽象到直观的思维过程,而重组教材后的教学,遵循学生的思维方式,从直观到抽象,学生在"画"中,进

行有效的思考，每次的关注点都是不同的，"线段"概念的理解水到渠成。

二、从注重数学文化教育出发，补充教材

数学作为一种文化现象，它与政治、经济、社会乃至文学、语言、美学都有着千丝万缕的联系，这早已是人们的共识。多少年来，在孩子们的心目中，在教师们的课堂里，数学一直与定理、法则、记忆、运算、机械等联系在一起，难学难教，枯燥乏味，一直是阻碍学生数学学习的绊脚石。事实上，造成这一现象的原因是多方面的，而一味注重数学知识的传递、数学技能的训练，漠视数学本身所包含的鲜活的文化背景，以及数学与人类社会千丝万缕的联系，显然是造成这一现象的部分重要原因。《数学课程标准》指出：作为学生数学学习的重要资源，教科书应当承担向学生传递数学文化的重要职责。如何在课程实施过程中显示数学的文化本性，让文化成为数学课堂的一种自然本色，在旧教材小学数学第十一册"圆的认识"一课中我做了补充。新课开始，我选择让学生"说说生活中的圆、欣赏人文景观中的圆、欣赏自然界中的圆、欣赏建筑物的圆"等方式，吸引学生感受圆的神奇魅力。在欣赏中，从日常生活中的圆形钟面、车轮、杯子，到自然界中的太阳光环、涟漪、盛开的鲜花、中秋圆月，再到建筑物如拱桥、北京的天坛、圆柱形的大楼，再到代表中国文化的中国结、中国剪纸……我介绍了中国古代、现代关于圆的文化和古今中外圆的运用，从宏观的视野丰富学生的认识视域，使学生在学习数学过程中真正受到文化感染，产生文化共鸣。

三、从和学生生活接轨出发，改造教材

新课标指出：教师应该充分利用学生已有的生活经验，随身引导学生把所学的数学知识应用到生活中去，解决身边的数学问题，了解数学在现实生活中的应用，体会学习数学的重要性。因此，教学设计应在课程目标的引导下因时、因地、因生、因己灵活地处理教材、开发教材、改造教材。为了让学生在现实情境中体验和理解数学，让教材成为学生积极发展的广阔发源地，在旧教材三年级"归一应用题"一课我就教材中的一些内容进行了改造。

课本的例题是："学校买 3 个书架，一共用 75 元。照这样计算，买 5 个要用多少元？"其实真正接触过买书架这种情况的学生并不多，所以我先让学生观看校际踢毽子比赛的短片：参加比赛的六位同学满头大汗，认真比赛，旁边的同学热烈地喊"加油"。我再提出让学生考虑的问题："我们应该为他们做些什么？"班里的同学参加比赛，为班集体争荣誉，而自己除了喊"加油"外还可以做些什么？这是学生非常熟悉的生活情景，极大地激发起学生的兴趣。学生提出了为他们买汽水解渴和买毛巾给他们擦汗的建议，接下来，我

们就在课堂中先解决买汽水、毛巾的问题：3 瓶汽水的价钱是 9 元，6 瓶同样的汽水需要多少钱？4 条毛巾的价钱是 12 元，照这样计算，6 条毛巾需要多少元？接着，帮学校解决问题：学校买 3 个书架，一共用 75 元，照这样计算，买 5 个要用多少元？学校买 3 个书架，一共用 75 元，照这样计算，200 元可以买多少个书架？再次，帮工厂解决问题：某种型号的钢珠，3 个共重 21 克，现有一些这种型号的钢珠，共重 63 克，一共有多少个？最后，课外延伸：你能想出不同的方法帮农场解决问题吗？农场的 3 只猫每天抓 12 只老鼠，照这样计算，6 只猫每天抓几只老鼠？

每一个环节的设计无一不与生活密切相关，让学生知道数学知识不是高高挂起的，它产生于日常生活中，解决的也是身边的一些实际问题，始终向学生渗透数学源于生活的思想。这种零距离接触生活实际的课堂，让学生学会关心别人，培养了学生的集体荣誉感。让学生感受数学知识的原型，不仅可以增强数学学习的情感体验，也可进一步培养学生的应用意识。

四、从开发学生的智力出发，再创造教材

例如，小学数学教材一年级上册第 5 页"高矮"一课中，课本中只出现一幅图：五个同学在比高矮。如果教师先示范比较高矮的办法，学生再模仿，其优点是循序渐进，课堂秩序井然，但学生会习惯于把老师、课本当作金科玉律，只要记忆、模仿，无须独立思考，学生的思维能力太弱，这种办法不利于对学生智力的开发。

我就自己对教材的理解，做了这样的再创造：黑板上画一棵人树，树上挂满苹果，有高有矮。"秋天到了，苹果熟了，谁愿意帮忙将苹果摘下来？"学生摘到下方的苹果，怎么都拿不到黑板上方的苹果。这时，老师轻松地将苹果拿下来。（留下一个学生）我问："小朋友为什么没能摘到这些苹果，而老师为什么能摘到呢？"学生回答道："因为老师个子高，小朋友个子矮。"——引出课题"高矮"，感知了"高矮"的概念。接着，我提出："老师个子高，小朋友个子矮，你们一眼就看出来了，现在你们找自己身边的同学比比高矮，你们能不能想办法比出谁高谁矮？"让全体学生参与探索比高矮的方法。学生通过亲自体验，初步找出了比较高矮的办法。实际操作后再通过辨误游戏（一人站凳子上，一人站地上，用一块布遮住脚，只看到上身）猜一猜谁长得高。——进一步了解比身高的正确方法：判断高矮要有统一的标准，大家首先应该在同一平面上脚跟并拢站直，立正来比，可以用背靠背的方法比，也可以用面对面的方法比。这样的处理方式，使学生在原有的基础上对知识有了更深的思考，并把这种思考提升为一种数学方法。

"听过的，忘记了；看过的，记住了；做过的，掌握了。"把"书本上的

数学"变为"活动中的数学"，在积极、主动、欢乐的探究活动中，发现比高矮的各种方法，会使学生在互相交流中发现问题。通过活动，学生发表了个人的独特见解，与他人分享求知的乐趣，学生的思想感情得到充分尊重，想法和意见得到尽情的表露，每个同学都学有所获。各种研究成果的展示，使学生了解了自己和别人思考的方法不同，由此领悟到解决同一个问题有方法不同。同时，在各小组交流研究成果的过程中，学生不断体会成功，欣赏自己的发现，感到"我也行"，增强了自信。

通过对教材进行再创造，让学生实践、探索，进行观察、猜测、实验、推理、交流，为学生提供充分从事数学思维活动的机会，帮助他们在自主探索与合作交流中真正理解和掌握基本的数学知识和技能、数学思想与方法，获得广泛的数学体验，从而使智力、思维与情感都得到不同程度的发展，让学生感到数学概念不再枯燥乏味。

教材不再是不可变的，我们可以根据自己的理解创造性地使用教材，可以改变教材的编排顺序、改换教材的教学实例、调整教学的课时、调整作业习题等。我们可以把教材调整得更符合学生的实际，可以选取更好的素材和事例，这有利于我们的教学。现代课程论认为：教师不应只是课程的被动执行者，而应成为课程的开发者、决策者、创造者。所以，教师可根据实际有权利也有责任对教材进行重组、补充、改造、再创造。

本文获奖情况：

2005 年 12 月，获番禺区教育学会论文三等奖。颁奖单位：番禺区教育学会。

2006 年 3 月 21 日，参与 2005 年全国创新教育优秀成果评审，被评为优秀论文一等奖。颁奖单位：全国创造学习研究会、全国教育科学教育部"十五"规划课题"创新学习研究与实验"课题组（华南片区）、广东华南科技教育研究所。

2006 年 4 月 15 日，在参与全国教育科学教育部"十五"规划课题"创新学习研究与实验"的子课题研究中，获阶段性成果一等奖。颁奖单位：全国教育科学教育部"十五"规划课题课题组、"创新学习研究与实验"课题组。

2006 年 6 月，在广州市小学数学"实践新课程"优秀成果评选中获二等奖。

2006 年 6 月，在"广州市教师专业发展与校本科研研讨会"上获得一等奖，并被选为研讨交流材料，在大会上宣讲。颁奖单位：广州市教育科学研究所。

2006 年 7 月，在番禺区小学数学"实践新课程"优秀成果评比活动中荣获一等奖。颁奖单位：番禺区教育局教研室。

在"摆一摆,想一想"中落实数学思想方法

广州市番禺区市桥陈涌小学 甄慰

广州市番禺区毓秀小学 何洁霞

【问题提出】

《全日制义务教育数学课程标准》(2011年版)在总体目标中进一步提出:通过义务教育阶段的数学学习,学生能够获得适应社会生活和进一步发展所必需的数学的基础知识、基本技能、基本思想、基本活动经验。因此,在小学数学阶段有意识地向学生渗透一些基本的数学思想方法可以加深学生对数学概念、公式、定律等数学本质的知识的理解,提高学生发现问题、分析问题和解决问题的能力以及思维能力,也是小学数学进行素质教育的真正内涵之所在。因此,小学数学教师要学会思考:某一具体教学内容包含了哪些数学思想方法?怎样在具体的课堂教学内容中渗透某一思想方法?怎样从小学一年级开始进行数学思想的渗透?本文以人教版数学教材一年级下册"摆一摆,想一想"为例,结合教学设计,谈一谈如何在教学活动中落实数学思想方法。

"摆一摆,想一想"属于综合与实践的教学内容,学生通过"用圆片在数位表上摆数"的活动,可以加深对数位表及位值概念的理解,发现数的本质特性,发现、归纳与运用规律,获得一些初步的数学实践活动经验,能够运用所学的知识和方法解决简单的问题。

【片段回放】

活动一:神奇的圆片,初步感受位值思想

教师在课件上出示带有十位和个位的数位表。

师(出示一个圆片):这是什么?把圆片放在数位表的个位和十位上,分别表示什么?(1个圆片放在个位表示1,1个圆片放在十位表示10。)

师:1个圆片可以摆出1和10两个不同的数。(板书:1、10)

师:咦,这圆片真神奇,站在不同的位置所表示的意思是不一样的,今天一起来研究一下这圆片到底有多神奇。

评析:在这一环节中,教师通过将一个圆片放在不同数位上的活动,既复习了数位的概念,同一个数字放在不同的数位表示大小不同的数,又让学生初步感受了位值思想,同一个圆片放在个位表示1,放在十位表示10,有

效地厘清了数位和位值的概念，为后面发现数的特点与规律打下了基础。

活动二：用2个圆片摆数，初步渗透有序思考和抽象思想

1. 用2个圆片表示数

师：2个圆片可以摆出几个不同的数？同桌合作，用2个圆片在数位表上摆一摆，并记录下来。

（学生活动，教师巡视指导。）

师：谁愿意说一说你是怎样摆的？（学生演示，教师根据学生的演示引导学生发现，无论用什么方法摆，2个圆片只能摆出2、11、20三个不同的数。板书：2、11、20。）

预设：学生的摆法可能有以下三种情况：①无序；②按照从小到大的顺序，先把2个圆片都摆在个位，逐一移到十位；③按照从大到小的顺序，把2个圆片都摆在十位，逐一移到个位。

展示学生三种可能的摆法：

十位	个位	组成的数
	●●	2
●●		20
●	●	11

①

十位	个位	组成的数
	●●	2
●	●	11
●●		20

②

十位	个位	组成的数
●●		20
●	●	11
	●●	2

③

师：你喜欢哪种摆法？为什么？（学生发表意见）

师：按一定的顺序从大到小或者从小到大的方法摆，可以做到不重复不遗漏。

2. 建立具体与抽象间的关系

师：不用摆一摆的方法，想一想，用2个圆片怎样表示出一个最大数和最小数？（2个圆片放在十位表示出一个最大数20,2个圆片放在个位表示出一个最小数2。）

师：为什么2个圆片放在十位就能表示出一个最大数，放在个位就能表示最小数？（在这个数位表里面，最高位是十位，最低位是个位，2个圆片都放在最高位十位能表示最大数，2个圆片都放在最低位能表示最小数。）

评析：有了1个圆片摆在数位表上表示数的铺垫，学生比较容易用2个圆片摆出2、11、20三个数。摆圆片的活动是学生操作与思维成果的展现。通过不同学生展示用2个圆片摆数的不同方法，学生从一开始不会摆、不会记录，到掌握摆和记录的方法，从无序摆到初步感知有序摆的方法，并借助摆圆片的数学活动经验，让学生在头脑中建立数位表，抽象出把2个圆片放

在最高位能表示出最大数，放在最低位能表示出最小数。这既渗透了有序思考的方法，又帮助学生从具体操作过渡到抽象，为下面的不用摆就能够有序抽象说数做铺垫。

活动三：用3个圆片摆数，进一步体会有序思考

1. 用3个圆片摆数

师：用3个圆片能摆出几个不同的数？

（学生活动，教师巡视，选择有代表性的摆法展示。）

预设：教师选择有代表性的摆法：①无序；①无序并出现漏摆；③有序。

展示学生的三种摆法：

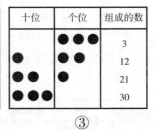

十位	个位	组成的数
●●●		30
●	●●●	12
	●●●	3
●●	●●	21

①

十位	个位	组成的数
●●●		30
●	●●●	12
●●	●●	21

②

十位	个位	组成的数
	●●●	3
●	●●	12
●●	●	21
●●●		30

③

师：认真观察，你有什么发现？（学生讨论，发现①和③都能摆正确，用3个圆片摆出了3、12、21、30四个数，教师板书3、12、21、30，顺势引导学生讨论有序和无序摆法的优势与劣势。）

2. 方法对比，渗透有序

展示学生有序和无序的摆法进行鲜明对比：

十位	个位	组成的数
●●●		30
●	●●	12
●●	●	21

十位	个位	组成的数
●●●		30
●●	●	21
●	●●	12
	●●●	3

师：随着圆片个数的增多，你最欣赏哪种记录的方法？为什么？

师：的确，第一种摆法没有按顺序摆，出现了漏摆，第二种摆法按照从小到大或从大到小的顺序摆，可以不重复不遗漏地把所有数摆出来。

（动态演示：用3个圆片有序地按从小到大的顺序摆数，教师边演示，学生边独立动手摆一摆。）

3. 你有什么发现

师：我们用1个、2个、3个圆片摆出了一些数，认真观察，你有什么发现？

（3、12、21、30这4个数是按照从小到大的顺序排列；这4个数个位3、2、1、0，个位依次减 1，十位 0、1、2、3，十位依次加 1；十位 + 个位的数 = 圆片的个数；摆出数的个数比圆片数的个数多 1……）

评析：随着圆片个数的增多，摆出数的个数也在增多，学生不重复不遗漏地摆圆片的活动难度不断增大。在用 3 个圆片摆数的活动中，学生通过独立摆圆片——讨论有序摆和无序摆——动态演示有序摆——学生再次独立有序摆数的活动，逐步帮助学生在头脑中形成有序摆数的表象，学生掌握能摆所有数的方法（要求不重复、不遗漏）——有序思考的方法。在交流和展示的基础上，教师应引导学生发现并概括用 1 个、2 个、3 个圆片摆数的规律，初步培养学生的分析能力和归纳能力，通过这样的数学活动有效地渗透了有序思考的数学思想和方法，培养了学生的推理分析能力，并为下面的抽象有序说数做铺垫。

活动四：用 4、5 个圆片说数，思维由操作层面过渡到抽象

师：不用摆的方法，能按顺序说出用 4 个、5 个圆片能摆出哪些不同的数？如果直接说数有困难，可以用圆片摆一摆。（学生摆数，并说出结果。）

师：根据学生的回答，4 个圆片能摆出 4、13、22、31、40 五个不同的数，5 个圆片能摆出 5、14、23、32、41、50 六个不同的数。（板书：4、13、22、31、40；5、14、23、32、41、50。）

评析：学生从动手操作摆圆片说数逐步过渡到抛开操作有序说数，思维实现了从直观到抽象的飞跃，这是灵活运用有序思考方法的具体表现。

整节综合实践课的四大数学活动，处处体现着数学思想的渗透。"摆"是这节课数学学习的方法，而"想"是在摆的基础上的思考，是让学生提升思维、获得数学思想方法的内在本质。摆 1、2 个圆片的活动是让学生体会位值制数学思想的同时初步渗透有序思考；摆 3 个圆片的活动是让学生掌握有序思考的数学思想方法，初步培养数学抽象思维和分析归纳能力；用 4、5 个圆片抽象说数的活动是为了有效提高学生的抽象思维能力。四大活动的实施有效地帮助了学生更好地掌握数学思想方法，让学生在数学活动中发展个体的数学素养，真正实现了"综合与实践"课中探究数学思想方法的目标。

小学数学"解决问题"课程资源的开发与利用初探

　　课程资源是指形成课程要素的来源，以及实施课程的必要且直接的条件，而数学课程资源是指依据数学课程标准所开发的各种教学材料以及数学课程可以利用的各种数学资源、工具和场所。

　　小学数学"解决问题"贯穿于数学课程的全部内容，它对学生的要求是："能在教师的指导下，从日常生活中发现并提出简单的数学问题，了解同一问题有不同的解决方法，有与同伴合作解决问题的体验，初步学会表达解决问题的大致过程和结果……从而逐步形成从日常生活中发现并提出简单的数学问题的能力。"不同学段的"解决问题"从不同层次要求学生理解什么是数学问题，这对学生的要求是循序渐进的。

　　这就要求我们在教学时，应着眼于学生的生活经验和实践经验，开阔学生的视野，拓宽学生学习的空间，最大限度地挖掘身边的可利用资源，从而使学生体验数学与日常生活的密切联系，培养学生从周围情境中发现数学问题、运用所学知识解决实际问题的能力，树立学生的应用意识。

一、依据教材，开发文本资源

　　教材是重要的课程资源，但不是唯一的课程资源。对教材的应用，已经由原来的"教"教材，转变为现在的"用"教材。而用教材的过程就是对教材进行深度开发，充分合理使用教材，培养学生选择信息、提出问题、解决问题的能力。教材为学生提供了丰富的资源，教师要充分引导学生从这些资源中提取有价值且与教学内容相关的信息，提出问题，并选择合适的方法解决问题。

　　如新教材二年级上册第 23 页例题 4——"求比一个数少几的数"，是在上一册"求比一个数多几的数"的基础上教学的，主题图看起来比较复杂。所以我们首先让学生有顺序、有目的地观察，这是什么地方？讲了什么事情？其次，处理好情景信息，把发现的数据信息化、量化，抽取文字信息进行板书。如：二（1）班得了 16 面小红旗；三（1）班比二（1）班少 2 面；二（1）班比三（1）班多 2 面；四（1）班和二（1）班同样多，都是 16 面；四（1）班比三（1）班多 2 面；等等。再次，我们需要解决什么问题，解决这个问题需要什么信息。要解决二（2）班有多少面红旗的问题，学生就要知道，必须找同二（2）班有关系的信息——"我们二（2）班比你们少 3 面"。这个"你们"指的是二（1）

班，这告诉我们还要找二（1）班红旗的面数，把其他无关的信息剔除后，再确定用什么方法进行计算。

最后，利用信息提出问题，把信息归类整理，合理组合有关系的条件提出数学问题，然后解决问题。"你能说出别的班得多少面红旗吗？"经历了观察分析、收集信息、处理信息、计算等活动后，明确了几个数量之间的关系，学生的思路很容易被打开。这个过程中，教师要重视培养学生对信息材料的处理能力和数学模型的建立能力。

依据教材，合理开发利用，教师将会发现学生学会了在复杂的情境中收集信息、发现问题、解决问题，也学会了从不同角度，用不同的思维方式提出不同的问题，用不同的方法解决同一个问题。

二、用心挖掘，最大限度地利用学校内部资源

充分利用数学课程资源是课程改革的理念之一，它要求教师在课堂教学中贯彻这一理念。传统数学教学没有利用学校现有的条件对课堂教学进行扩充，致使数学教学只局限于教材，校内数学课程资源得不到有效的开发和利用，也限制了学生的发展，不利于培养学生解决问题的能力和实践能力。新课程理念要求，教师应在课堂教学中充分利用校内课程资源，为课堂教学服务，提高课堂教学效率。

如：三年级下册第 70 页"面积"单元，概念比较抽象，也比较多。为了改变以往教学过于强调学生单一地接受学习，而且是以被动接受为主的倾向，防止概念混淆，促成概念精确分化，加强记忆，教师有必要为学生提供一定的空间，加强直观教学，这对于让学生掌握空间与图形的知识具有重要意义。

最适宜的情境，莫过于学生熟悉的校园了。在本单元的教学中，可利用的资源非常多，如教具、学具、多媒体课件。但有些内容，如认识面积和面积单位、面积单位之间的进率等内容，与其使用多媒体，不如利用教室、校园里面的资源：1 平方厘米有多大——粉笔头的一面；1 平方分米有多大——教室插座、粉笔盒的一面；1 平方米有多大——教室里 4 块地砖的面积、4 张桌子拼起来的桌面面积；1 公顷有多大——教室面积大约 60 平方米，大约 170 个教室就有 1 公顷，学校占地面积大约 4600 平方米，两个学校再多一些就是 1 公顷……让学生真实感受面积单位的实际大小，获得实实在在的直接经验，有利于学生建立清晰的面积单位概念，更有利于表象的形成。

如综合实践课"设计校园"，就可以利用学校的环境资源，首先收集设计校园需要的所有信息，如我们学校有三座教学楼，有操场、跑道、乒乓球室、篮球场、游泳池、器械区等，根据学校设施的位置画出整个校园的直观图来表现学生所收集的所有信息，接着了解其他学校都有些什么设施，为重新设计打下基础。

其次，分析信息，即根据我校的实际情况及自己的需求加以分析。根据学生或教师的日常需要，与其他学校比较，就可以发现我们学校存在哪些不足，可以添设什么设施等，这个讨论交流过程可让学生体验分析问题的方法，并培养学生从现实生活中发现问题的能力。

再次，让学生根据综合调查和分析的结果，以及本校的实际情况重新设计校园。设计方案出来后，让学生到校园进行实地考察，看本组的计划是否能够实施，如果不能实施应该怎样进行调整。学生实地考察结束后，回到课堂上，根据实地考察的结果进行讨论，制定出设计新校园的最后计划，并画出设计的新校园的平面图。

校园环境是学生学习生活中不可缺少的一部分，我们可以充分利用校园环境的资源，使学生把所学的数学知识，如"面积""位置和方向"以及"测量""估算""计算""统计"等技能运用到解决生活中的问题中去，体会到数学与生活的密切联系，学会应用数学知识解决生活实际问题，培养学生收集数据的意识和整理分析信息的能力，以及热爱学校的良好情感。

在学生参与学校资源的开发和利用的活动中，学生也会生成很多有价值的资源，如及时反馈、评价给学校就可以实现资源共享。

三、走入生活，发挥本地区资源的最大功能

在教学中，我们不能仅仅依靠教材资源，而要利用好本地区的资源抽象出数学知识，这样不仅可以激发学生对数学的兴趣和求知欲，还可以使学生积极参与学习活动，从而达到融会贯通、学以致用的教学目的。

面对番禺区域内取之不尽的数学文化资源，发掘的方法是多样的，如一至三年级"解决问题"课程的教学，就可以利用我区的资源重组教材，创设一幅幅现实的、有数学意义的画面。

如：广州市番禺区 2003 年总人口约 98 万人，2005 年第五次全国人口普查统计，全区总人口约 163 万人。2005 年总人口比 2003 年增加了多少人？

又如，在三年级上册 23 页学习了退位减法后，教师可以让学生根据以上信息提出数学问题，并进行计算。

番禺万顷沙新垦区一个果园的果树数量如下图：

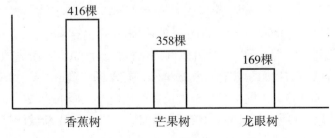

　　用数学解决问题的能力不仅包括用数学解决现成的问题，更重要的是能够发现或者提出问题，并能从数学的角度运用所学知识和方法去解决它。此题把计算问题和解决问题有效地结合，改变了以教师为主的提出问题、解决问题的传统教学模式，激发学生根据信息发现问题、提出问题，进而运用已有的知识和经验寻找策略解决问题的积极性，培养了学生自觉主动地用数学眼光"看世界"的意识。

　　如三年级下册第 59 页例题 2，可重组为：番禺区文化中心有 22 排座位，每排有 48 张椅子，我们学校有 1000 人去看表演，能坐下吗？

　　解决的方法有多种：

　　A. 把 22 看成 20，$20 \times 48 = 960$，$1000 > 960$，所以不够。

　　B. 把 48 看成 50，$22 \times 50 = 1100$，$1000 < 1100$，所以够。

　　C. 把 48 看成 50，把 22 看成 20，$50 \times 20 = 1000$，$1000 = 1000$，所以够。

　　三种情况出现了矛盾，把学生引入了采用什么样的估算策略解决问题的探索中，进一步促进算法多样化的同时，学生的估算能力和解决问题的能力得到了锻炼与提高。

　　把教材的例题内容融进"番禺文化中心可以坐多少人"中，引导学生从具体的情境中获取信息、发现问题，进而产生解决问题的需要，在解决问题中掌握估算的方法，提升估算的策略，体会估算在日常生活中的价值所在和应用的地位。

　　无论是城市还是农村，生产还是生活，社会集体还是大自然，每个画面都蕴含丰富的信息和数学问题。利用身边的资源，让学生更加深刻地体会数学对我们生活的重要性，明白学数学的价值有多大，从而激发学生学好数学的强烈欲望和用好数学的愿望和信心，同时也能培养热爱家乡的情感。

　　我对"解决问题"课程资源开发与利用的课题研究了将近一年，这使我对教材资源的宽泛性有了更深刻的体会。我认识到数学教育要使学生获得作为公民所必须具备的数学基础知识和基本技能，为学生终身的可持续发展打好基础，必须开放小教室，把社会生活中的资源引入到数学的课堂上。课程改革赋予了教师参与课程开发、课程管理的权利，因此，教师不仅承担着课堂资源开发的责任，同时也被赋予了利用课堂资源的权利。教师要根据本地区的特点，以学生的学习为中心，有针对性地合理开发利用身边的各种资源，让数学的教学充满生活气息和时代色彩，让每天耳闻目睹的一切成为激发学生学习兴趣的资源。认识到现实生活中隐藏着丰富的数学问题，学生便会积极主动地参与数学活动体验，用数学方法和策略解决现有问题，从而增强自身的问题意识及解决问题的能力，认识到解决问题不仅仅表现为列式解答，它还是一个发现、探索的过程，是"再创造"数学的过程。

浅谈"解决问题"与"应用题"对比引发的思考

——以五年级上册新教材"解决问题"与旧教材"应用题"为例

就数学教育而言，解决问题就是创造性地应用数学以解决问题的学习活动。这从客观上要求老师要改进教学行为，树立教学的有效性理念，让数学教学更加注重内化学生的数学观念、体验数学价值以及促进学生可持续发展。新课程"解决问题"课堂教学设计的实效性研究特指新教材"解决问题"部分内容的研究。

一、五年级上册新教材"解决问题"与旧教材"应用题"对比

小学数学教材中的应用题，就是把人们日常生活、生产中所遇到的含有已知数量和未知数量之间关系的实际问题，用文字（有时用图画或表格）表达或用对话叙述出来，并要求求出未知数量的数学题。

"解决问题"就是指学生在教师的引导下解决自己面临的各种形式的问题。这些问题既包括以文字形式出现的应用题、文字题等，又包括学生在生活或学习情境中碰到的实际问题。

应用题	旧教材	教学目标	课时	与新教材对比
三步计算应用题	例题1：一个服装厂计划做660套衣服，已经做了5天，平均每天做75套，剩下的要3天做完，平均每天做多少套	进一步巩固已学的应用题的结构特点和数量关系。能通过对已学过的应用题进行比较，系统地归纳整理概括出解答应用题的一般步骤	7	旧教材强调摘录条件和问题的方式或者用画图的方式来弄清题意。这部分内容是有关计划与实际比较的问题，但离学生的生活比较远。新教材例题没有出现类似的例题，也没有出现需要三步计算解决问题的题目
	例题2：学校计划运来1吨煤，可以烧40天。由于炉灶改进，每天可节省5千克煤，这批煤可以烧多少天	通过学习有关计划与实际比较的应用题，使学生了解生活中这种常见的数量关系，掌握这类应用题的解答方法，加深学生对两步应用题与三步应用题的关系的理解		

（续表）

应用题	旧教材	教学目标	课时	与新教材对比
行程问题	例题 1：小强和小丽同时从自己家里走向学校，小强每分钟走 65 米，小丽每分钟走 70 米，经过 4 分钟，两人在校门口相遇。他们家相距多少米	1. 能通过画线段图或实际演示，理解什么是"同时出发""相向而行""相遇"等术语，形成空间表象 2. 弄懂每经过一个单位时间，两个物体之间的距离变化 3. 掌握两个物体运动中，速度、时间、路程之间的数量关系，会根据此数量关系解答求路程的相遇应用题。能用不同方法解答相遇求路程的应用题	7	这部分研究的是两个物体（两人、两车、两船）在运动中的速度、时间、路程之间的数量关系。本册主要研究两个物体相向运动的应用题。学生在这方面的生活经验较少，往往不易理解相向运动的变化特点。新教材只出现简单的速度、路程、时间三个数量之间关系的解决问题，没有出现"相遇求路程"以及"相遇求时间"的题目
	例题 2：两地相距 270 米。小东和小英同时从两地出发，相对走来。小东每分钟走 50 米，小英每分钟走 40 米。经过几分钟两人相遇	1. 进一步认识相遇问题应用题的结构 2. 通过分析相遇问题的数量关系，较熟练掌握相遇问题的思考方法。学会根据两地之间的路程和两个物体运行的速度，求相遇时间 3. 学会解答已知两地之间的路程和两个物体运行的速度，求相遇时间的应用题		
列方程解应用题	例题 1：商店原来有一些饺子粉，每袋 5 千克，卖出 7 袋以后，还剩 40 千克。这个商店原来有多少千克饺子粉 例题 2：小青买 4 节 5 号电池，付出 8.5 元，找回了 0.1 元。每节 5 号电池的价钱是多少元	1. 初步学会列方程解应用题的思路与解题步骤，知道列方程解应用题的关键是找应用题中相等的数量关系，能正确地列方程解比较容易的两步应用题 2. 能根据解题过程总结列方程解应用题的一般步骤，能独立用列方程的方法解答此类应用题	10	例题 1、2 题目叙述与方程的叙述基本一致。例题 3 中，面积计算公式本身就是一个等式，根据这个公式就能列出方程。此三个例题均是两步计算的应用题。新教材没有类似题目
	例题 3：一个三角形的面积是 100 平方厘米，它的底是 25 厘米，高是多少厘米	学会根据多边形的面积、周长等计算公式列方程解有关求多边形的底或高的几何应用题；理解多边形的面积、周长等计算公式可以作为等量关系列方程		

（续表）

应用题	旧教材	教学目标	课时	与新教材对比
列方程解应用题	例题4：少年宫合唱队有84人，合唱队的人数比舞蹈队的3倍多15人。舞蹈队有多少人	学会列方程解"已知一个数的几倍多几（或少几）是多少，求这个数"的两步计算应用题的方法；能正确地分析数量关系，找等量关系式，设未知数列方程解答	10	例题类型与新教材例题基本一致，只是旧教材内容只肩负一个任务：根据数量关系列方程解应用题。新教材却肩负着教学列方程和教学解方程的双重任务
	例题5：天津到济南的铁路长357千米。一列快车从天津开出，同时一列慢车从济南开出，两车相向而行，经过3小时相遇。快车平均每小时行79千米，慢车平均每小时行多少千米	学会列方程解有关求速度、时间等行程问题的应用题；学会从多种角度思考问题，运用多种方法解决问题		关于两物体相遇，求其中一个物体的运动速度的应用题，新教材没有出现
	例题6：果园里桃树和杏树一共有180棵，杏树的棵数是桃树的3倍。桃树和杏树各有多少棵	1. 初步学会分析"已知有两个数的和或差，和两个数的倍数关系，求两数各是多少"的应用题，正确地列出方程解答 2. 会设未知数表示两个数量之间的关系，会解答形如 $ax \pm bx = c$ 的应用题，会进行检验		例题类型与新教材例题基本一致，只是旧教材内容只肩负一个任务：根据数量关系列方程解应用题。新教材却肩负着教学列方程和教学解方程的双重任务
	例题7：张老师到商店买3副乒乓球拍，付出30元，找回1.8元。每副乒乓球拍的售价是多少元	1. 知道一道题可以用方程和算术两种方法解应用题。知道两种解法的区别 2. 能根据题目中的数量关系的特点灵活地选择解题方法		教师用书要求教师在整理和复习中引导学生比较算术方法和方程解法的思考过程与解法特点。新课本并没有做相应要求

（续表）

解决问题	新教材	教学目标	课时	与旧教材对比
两步计算解决问题	例题 1：张燕家养的 3 头奶牛上周的产奶量是 220.5 千克，每头奶牛产奶多少千克	掌握用两步计算解决问题的思路。能用数量关系描述解决问题的思路，进一步培养分析问题的能力	1	新教材例题和练习六第 1 题是连除应用题，"做一做"是先归总再归一的小数乘除应用题。练习六第 2 题是除减小数应用题，第 5 题是先归一再求倍数的小数除法应用题，而第 3 题则更复杂。旧教材中，此内容位于第八册第一单元，较之新教材，系统性较强。旧教材课本通过线段图帮助学生理解题目中的数量关系，而新教材课本并没有出现线段图
近似值的实际应用	例题 2：（1）小强的妈妈要将 2.5 千克香油分装在一些玻璃瓶里，每个瓶最多可盛装 0.4 千克。需要准备几个瓶（2）王阿姨用一根 25 米长的红丝带包装礼盒。每个礼盒要用 2.5 米长的丝带，这些红丝带可以包装几个礼盒	学会根据实际情况，灵活地选用"进一法"和"去尾法"保留整数商，提高根据实际情况解决问题的能力		旧教材以"四舍五入法"为主，用"进一法"和"去尾法"保留整数商只出现在练习后面的带"*"题目中，不作为共同的要求，只为有余力的同学增加一点知识。而新教材强调一般情况下以"四舍五入"为主，但提出了"在解决实际问题时，要根据实际情况取商的近似值"的要求，以增强学生应用"四舍五入法""进一法"和"去尾法"解决问题的能力
列方程解决问题　简单方程	例题 1：今天上午 8 时，洪泽湖蒋坝的水位达 14.14 米，超过警戒水位 0.64 米。警戒水位是多少米　例题 2：我们拿桶接了半个小时，共接了 1.8 千克水。你知道一个滴水的水龙头每分钟浪费多少水吗	1. 初步学会如何利用数量关系列方程解决问题 2. 能比较熟练地解方程	3	在旧教材中，第七册已经学过列出含有未知数的等式解一些需要逆思考的简单应用题。而新教材中，这是学生第一次接触列方程解答问题

（续表）

解决问题		新教材	教学目标	课时	与旧教材对比
列方程解决问题	稍复杂的方程	例题1：足球上黑色的皮都是五边形的，白色的皮都是六边形的。白色皮共有20块，比黑色皮的2倍少4块，共有多少块黑色皮	1.能根据等式的基本性质解稍复杂的方程 2.初步学会列方程解决一些简单的实际问题 3.引导总结列方程解决问题的步骤	3	例题类型与旧教材基本一致，不同的是，新教材每道题都肩负着教学列方程和教学解方程的双重任务。旧教材此内容只肩负一个任务：根据数量关系列方程解应用题
		例题2：苹果和梨各要2千克，共10.4元。梨每千克2.8元，苹果每千克多少钱	1.结合具体情境掌握根据两积之和的数量关系列方程，会把小括号内的式子看作一个整体求解的思路和方法 2.通过学习两积之和的数量关系，来解两积之差、两商之和、两商之差的数量关系		
		例题3：地球的表面积为5.1亿平方千米，其中，海洋面积约为陆地面积的2.4倍，地球上的海洋面积和陆地面积分别是多少亿平方千米	学会根据两个未知量之间的关系，列方程解答含有两个未知数的实际问题		

二、研究方法与对象

本次研究抽样调查的对象是桥东小学五年级（3）班的57名学生，调查的方式是教学设计实施的课前前测题与后测题。

三、调查结果及分析

（一）课例一：义务教育课程标准实验教科书小学数学五年级上册第32页例题11"两步计算解决问题"

前测题1：张燕家养的3头奶牛上周的产奶量是220.5千克，每头奶牛产奶多少千克？

人数	全对人数	列式正确，计算错误	列式错误
57	51人	3人	3人

前测题2：小毅家上个月的用水量是14.5吨，每吨水的价格是2.5元，小毅家有4口人，平均每人付水费多少元？

人数	全对人数	列式正确，计算错误	列式错误
57	45人	9人	3人

（二）课例二：义务教育课程标准实验教科书小学数学五年级上册第32页例题12"近似值的实际应用"

五年级上册例题12：（1）小强的妈妈要将2.5千克香油分装在一些玻璃瓶里，每个瓶最多可装0.4千克，需要准备几个瓶？（2）王阿姨用一根25米长的红丝带包装礼盒。每个礼盒要用2.5米长的丝带，这些红丝带可以包装几个礼盒？

人数	全对人数	列式正确，计算错误	列式错误
57	55人	2人	0人

在"课例一"中，由于三年级下册已学习过用连除法解决实际问题，学生对于用连除解决问题的方法并不陌生，这里出现的是另一种形式的需用连除法解决的问题。前测题显示，大部分学生能正确解答此类问题。

在"课例二"中，由于三年级上册学习了"余数的除法"，学生对于根据实际情况取值并不陌生，所不同的是，这里出现的结果是小数，需要准备的瓶子和包装的礼品盒必须是整数，因此都要取这些计算结果的近似值，不能机械地使用"四舍五入法"，要根据具体情况确定是"舍"还是"入"。

前测题结果显示，学生看起来都会做，但老师就不用讲了吗？会做等于会想吗？会想等同会用吗？当然不是！其实，"课例一"两步计算解决问题中，学生可以独立列出算式计算，但是让学生说出思考过程却有一定的难度。而"课例二"让学生根据不同情况合理地选择不同的保留近似数的方法，学生则似懂非懂，一知半解。

因此，"课例一"的教学目标调整为掌握用两步计算解决问题的思路，能用数量关系描述解决问题的思路，进一步培养学生分析问题的能力。"课例二"的教学目标调整为让学生学会根据实际情况，灵活地选用"进一法"和"去尾法"保留整数商，提高解决问题的能力。

解决问题不仅要考虑列式计算是否正确，还要考虑学生是否能通过解决问题的数学活动掌握方法、形成策略，也就是让学生从会想走向会用。会做、会想、会用，学生的思考能力才能得到提高。由此可见，想要学生都学会，要教的还有很多，知识与方法的渗透，情感态度与价值观的培养……学生的起点越高，教学的空间越广阔。因此，在备课之前，我们要了解知识基础，分析哪些是学生已经掌握的，哪些是学生还不明白的，在此基础上选好教学的切入点，进行有侧重的教学，让学生既知其然，更知其所以然。

（三）课例三：义务教育课程标准实验教科书小学数学五年级上册第65页例题1"列方程解决问题"

前测题：足球上黑色的皮都是五边形的，白色的皮都是六边形的。白色皮共有20块，比黑色皮的2倍少4块，共有多少块黑色皮？（学生选择任意算术方法和方程方法解决）

人数	全对人数	列式正确，计算错误	列式错误
57	13人（其中，8人用算术方法做，5人用方程方法做）	2人	42人（42人均用数学方法）

后测题一：课本第66页"练习十二"第3题（与例题同类型的题目）：故宫的面积是72万平方米，比天安门广场的面积的2倍少16万平方米。天安门广场的面积是多少万平方米？

人数	全对人数	列式正确，计算错误	列式错误
57	53人	2人	2人

后测题二：课本66页"练习十二"第2题（与例题类型完全不同的题目）：共有1428个网球，每5个装一筒，装完后还剩3个。共装了多少筒？

人数	全对人数	列式正确，计算错误	列式错误
57	28人（其中，根据数量关系"装好的个数＋剩下的个数＝网球一共的总个数"列方程的有7人，根据数量关系"每筒个数×筒数＋剩下的个数＝网球一共的总个数"列方程的有19人，设装好个数为X，分两步计算的有1人，根据数量关系"（网球一共的总个数－剩下的个数）÷每筒球的个数＝筒数"列方程的有1人。）	8人（能写出数量关系"装好的个数＋剩下的个数＝网球一共的总个数"又能列出方程却不会计算的有8人。）	21人（其中，用算术方法解决的有1人，能写出数量关系"装好的个数＋剩下的个数＝网球一共的总个数"但不能列出方程的有8人，完全不会的有12人。）

两题的差异如此大，原因分析如下：

其一，例题与习题变化较大。例题的数量关系很明显是"黑色皮的2倍少4块＝白色皮"，而练习的数量关系却是"装好的个数＋剩下的个数＝网球一共的总个数"，教材在练习中呈现的是与例题完全不同的解题思路。

例题与习题变化较大的情况不仅存在五年级教材中，其他年级也都有此类情况，这就加大了学生学习的难度。心理学研究表明，小学生的思维调整控制能力较差，学习例题之后，一般不能变更自己的思路，另辟蹊径去解决问题，因此，这就要求我们在实际教学中把握好教材，教学例题之后，要适当增加模仿练习，巩固技能。在习题中出现的新题也应按例题来教，但着眼点不只是列出方程，而是在列方程过程中进行数学模型的变换，把不同题型的题目放在一起对比，帮助学生区分不同题型，突出常用的基本数量关系，总结出列方程解决问题的关键之处和具体步骤，把零散的知识汇编成系统的知识网络。

其二，本例题肩负着教学列方程和教学解方程的双重任务。一个例题里有两个知识点，而且都是重点，一个是解决计算的算理算法问题，一个是解决实际问题。本课的教学目标有三个：1.让学生根据等式的基本性质解稍复杂的方程；2.使学生初步学会列方程解决一些简单的实际问题；3.引导学生总结列方程解决问题的步骤。教学中，是偏重解方程，还是偏重列方程呢？若再加上一个与例题完全不同类型的题目，试想一节课中教师能扎扎实实地完成那么多教学任务吗？学生能接受那么多的新知识吗？由课堂练习情况看来，这肯定是不可能的，那么怎样合理地安排教学时间呢？在实际教学中，我们把这个例题分为两个题目，用两个课时来完成，还是一个课时完成更好、更牢固一些？我认为，两个课时更加妥当。

把解决问题与学习计算方法有机地结合起来，是本版教材的重要特点之一。新教材编写的意图是"算用结合"，以此提高学生解决问题的能力，让学生善用解决问题的策略。教材从实际问题引入解方程学习，让学生明白学习解方程是解决实际问题的需要，明确学习解方程的实际意义，学会了运用所学知识解决一些实际问题。这样的安排，既有利于学生加深对解方程的理解，发展数学思维，进一步提高解决实际问题的能力，也有利于学生体会解方程的作用与价值，培养数学应用意识。

因此，我认为，如果碰到解决问题与计算相结合的教学内容，教师需要分析教材，把握好教学目标，确定教学内容是以计算为重点还是以解决问题为重点。而此教学内容显然是以解决问题为重点，我们可以根据本班学生的实际情况，合理地处理教材，在此之前上一节解方程的课，把计算的干扰解决掉，再集中处理例题以及类似练习十二中第二题的题目。

四、关于教材"解决问题"的研究感悟

（一）培养学生分析数量关系的能力——不容忽视

新课标教材经常提供具体的生活情境，让学生从这些纷繁的情境图中提

炼出有用的信息，并将这些信息进行思维加工。其实，学生对这些数学信息进行内在的思维加工过程，就是数学模型的建构过程，数学信息之间内在的联系即数量关系，就是数学模型的"骨架"，解决实际问题的核心其实就是分析数量关系。"单价 × 数量 = 总价""速度 × 时间 = 路程"等，这些常见的数量关系都是学生解题的基本"骨架"，虽然新教材中没有呈现出来，但学生在分析理解"解决问题"时会运用这些关系。新教材在数量关系上往往显得十分单薄，一至四年级没有数量关系的教学内容，五年级才出现列方程解应用题，数量关系的重要性凸显出来，学生初学时往往不会找等量关系。

数量关系为小学生解决问题提供了基本方法，形成了一种解题策略和一种有数学价值的解决问题的模式。试想一下，一个搞不清数量之间的关系的学生，怎么提出问题、分析问题、解决问题？

或许是对过去应用题教学存在的机械、呆板的批判过多，许多老师认为新课程标准四年级前没有出现数量关系，认为数量关系被刻意淡化，所以部分教师在教学中对数量关系有意淡化甚至模糊处理。《数学课程标准》明确指出："应使学生经历从实际问题中抽象出数量关系，并运用所学知识解决问题的过程。"其实，新教材一直没有忽视数量关系的教学，只是摒弃了死记硬背，更加注重学生在解决问题过程中的理解与感悟。

（二）旧教材一些行之有效的解题方法——辩证对待

线段图能使题目中的数量关系更直观、更形象，使应用题化难为易、简单易学。可是在课例一中，我发现，在运用线段图分析三种解题思路时，线段图并没有使学生一看就明白，原因与新教材没有涉及数量关系和线段图的教学内容有关。

因此，在解决实际问题时，绝不能仅仅停留在情境上，否则，离开了具体情境，低年级的一些学生在解题时就会感到束手无策。教师可以让学生在感知应用题情境的基础上，画出示意图、线段图，学生根据教师画出的图采用数形结合的方法分析数量关系，就能比较准确地找到解决问题的方法。

除此以外，旧教材一些行之有效的解题方法，如摘录条件、列表法、画图法、分析法、综合法、假设法、逆推法、转化法，这些解题方法能使隐蔽的数量关系明朗化，复杂问题简单化，帮助学生找到解题的思路。而新教材省略了分析的过程，留给学生的空间很大，孩子们解题的灵活性增强了，但相对来说，学生的解题能力反而有所下降。传统教材确实存在许多弊端，我们也常常游走于新旧理念之间，但是，一概否定或者一概肯定都不是理性的做法。因此，我们应用辩证的观点看问题，取其精华，对传统的题目分析方法加以扬弃，新旧方法互补，让学生能多角度地思考问题，从而更好地"解决问题"。

（三）例题到练习的跳跃大——适当处理

新教材中，应用题大幅度地进行了简化，旧教材五年级上册应用题有 17 个课时，可是新教材对应的"解决问题"方面的例题却仅存 5 个课时，把大部分典型的例题删去了，删去了"行程问题"和"三步计算的应用题"。而列方程应用题只保留了 4 个例题，其中简单方程保留 2 个例题，稍复杂的方程只保留了"两积之和"的 2 个例题。例题的大量删减，造成知识的跨度极大。知识的容量太大，教师教得被动，学生学得辛苦。

就如课例三，例题与练习题的区别很大，虽然都是列方程，题目的类型却差了很多，知识点也不相同。这样的跳跃思维使学生对知识的理解与掌握出现了难度。对于大多数学生来说，举一反三的能力还不够强，前一个知识还没完全掌握，就做类型完全不同的例题练习显然无法适应。小学生的年龄与心理特点决定了他们对知识的接受需要一定的时间去消化，需要一定量的练习来帮他们巩固所学的知识，因此大部分学生不能正确解答是在所难免的事。这样的练习势必要教师多做新例题教学，否则学生很难掌握。

因新课程标准编写的部分新教材不够完善，对基础知识的重视和强化训练不够，而且教材的内容跨度大，深浅安排不够合理，编排缺乏体系，教材强化练习题目太少，知识递进过快等，这极大地增加了学生的学习压力，因此，教师要在教学中进行适当补充，增加教学时间。

五、结语

应用题教学在小学教学中是客观存在的，不可能消失，虽然教材中取消了独立的应用题教学单元，取而代之的是分散的解决问题的教学，但是教学内容的核心是相同的。应用题教学经历了半个世纪的改革，由传统走向现代，正说明还有其合理的深层次的内涵，这些要靠我们来共同挖掘、总结、继承和发扬。所谓"扬长避短"，我们的一线教师要正确处理继承与摒弃的关系，不能在新课标、新教材的赞扬声中陶醉。因此，我们应该根据解决问题的教学优点，继承传统应用题的教学精粹，脚踏实地地去探索、寻求解决问题的合理教学。

参考文献：

[1] 周玉仁. 从小学应用题教学的历史谈起——兼论当前课改中的"应用题"教学 [J]. 小学数学教师，2006(9):11-16.

[2] 赵启泰，周淑芬，王宏. 小学数学应用题教学研究 [M]. 长春：东北师范大学出版社，2000.

"解决问题"课堂教学模式之一

《数学课程标准》把数学课程的教学目标定义为"知识与技能、数学思考、解决问题、情感与态度"四个方面。其中"解决问题"是数学教学的一个重要内容。它要求教师充分利用学生已有的生活经验，引导学生把所学的数学知识应用到现实生活中，解决生活中的数学问题，以体会数学在现实生活中的应用价值，激发学生学习数学的兴趣，提高数学能力。

在传统数学教材中，应用题是小学数学除"数与计算"外第二大部分内容，2001年《全日制义务教育数学课程标准（实验稿）》不再单独设"应用题"教学单元，也很少集中地编排纯应用题内容，让数学的应用从"题"中走出来，对数学的教育目的做了新的定位和阐释。这就意味着"解决问题"课程是一个全新的领域。

《数学课程标准》把小学阶段的"解决问题"教学目标分学段细化为以下几个方面。

第一学段 (1—3 年级)：
①能在教师指导下，从日常生活中发现并提出简单的数学问题；
②了解同一个问题可以有不同的解决办法；
③有与同伴合作解决问题的体验；
④初步学会表达解决问题的大致过程和结果。

第二学段 (4—6 年级)：
①能从现实中发现并提出简单的数学问题；
②能探索出解决问题的有效方法，并试图寻找其他方法；
③在解决问题的活动中，初步学会与他人合作；
④能表达解决问题的过程，并尝试解释所得的结果；
⑤具有回顾与分析解决问题过程的意识。

1. 创设情境，收集信息

新课程要求"解决问题"教学要让学生能从现实生活中发现并提出简单的数学问题。把学生都带到现实的社会课堂之中去亲历，是不可能的事。因此，我们需要在课堂教学中创设现实的或拟现实、生活化、符合学生认知特点和知识经验的情境 (包括活化教科书中的画面)，让学生仔细观察、充分感知；

另一方面要指导学生对信息进行收集和整理，把发现的信息用数学的方式表达清晰，为提出问题和解决问题所用。

课一开始，教师借助主题图创设生动有趣的教学情境，把抽象的数学知识与生活实际联系起来。首先，让学生观察主题图，知道图上画了些什么，写了些什么，让学生独立认真地看；再让学生说一说，观察到了什么，理解了什么。通过观察汇报，使学生在观察中学会观察，在观察中体会生活中存在大量的数学信息。

2. 提出问题，探究解决

以前教学"解决问题"的过程都是教师事先设计好了的，对于一般的学生来说，"我为什么要解决这个问题？解决这个问题有什么意义和价值？"学生很难有情感上的体验。若由学生自主发现并提出问题，其价值就更大。

（1）提出问题

收集信息后，教师引导学生从数学的角度、用数学的眼光提出数学问题。有时候教材里先提了问题，教师可以再次以"还可提什么问题？"进行引导，引导学生把利用信息和提出问题结合起来，把质疑与提问融为一体，提出一些与众不同的、有价值的问题。学生根据自己的学习经验，可以讨论式地提出问题，也可单独提出或按教师的要求提出问题。教师负责引导学生系统地整理所提出的问题，以便在课堂上有针对性地解决。

（2）筛选问题

根据学生年级的不同、学生知识水平的不同，对学生提出的问题进行筛选，处理办法有三种。一、对学生提出的表面的、非本质的简单的问题，教师可以让学生通过互相帮助的方式及时解决掉；二、对于较难的、"非本质"的问题，教师可以引导学生做好备忘录，以后再解决；三、着重对师生共同提出的"中心问题"做好记录，组织学生在下一个环节共同探究解决。

（3）探究解决

这是解决问题教学的中心环节，是让学生独立思考、动手实践与合作交流的过程。这个过程中，学生是学习和探究的主体，教师应给学生提供充分的帮助，让学生发挥潜力，引导学生分析问题与信息间的关系，搜集与问题可能有关的线索，再去选择所需要的学习活动进行自我学习。个人或小组针对问题进行自主探究，或讨论，或实验，或举例验证……自主寻找解决问题的途径、方法和策略，自觉矫正错误，逐步得出结论，然后在组内交流，并形成初步的学习方案。

在这个过程中，教师要鼓励学生从不同的角度，用不同的思路，联系相关经验，探索问题的多种解法。这个过程要经历的大致步骤是：①让学生独立思考，并把自己的思考过程和结果记录下来；②与同伴协作讨论、切磋，看看别人解决问题的方法和策略与自己有什么不同，反思自己的解题方法和结果的正误，评价哪种策略和方法更加合理，如果自己遇到困难时可以从同伴（或老师）处获得帮助；③与同伴共同探讨解决问题的多种策略，小组长做好记录，以在下一环节中参与全班交流汇报。在这个探究的过程中，教师除了组织活动和为学生提供帮助外，还要不断巡视，发现学生中正确或错误的典型案例。教师要参与到各组中及时撷取信息，收集同学们存在的共性问题、疑难问题、核心问题、难点问题，适时引导调控，并组织全班交流讨论。

3. 展示交流，建立模型

展示交流是一个共享的过程，它能让问题得到全面彻底的解决，也是一个张扬个性、体验成功的过程。这正是《数学课程标准》确定"解决问题"教学目标所强调的：让学生"能表达解决问题的过程，并尝试解释所得的结果"。

组织学生汇报、讨论、交流时，教师可以让学生到讲台上去讲、去演示、去填写……交流时要有展示、有陈述、有汇报、有倾听、有辩论（甚至是争论）、有评价、有欣赏、有鼓励等，要积极地发挥学生的主动性，让他们对全班已有的意见自觉进行比较、归纳、概括，得出自己认为最佳的方法、策略，自主构建数学模型。

数学建模在解决问题中是最关键、最重要的环节，建立模型的过程就是将实际的生活问题转换为数学问题的过程。通过探究，学生在原有经验的基础上，尝试探索了解决问题的方法；在展示交流的基础上，理解了解决问题的方法；在选出最优的策略和方案的基础上，建立了数学模型。

4. 运用模型，解决问题

用数学是学数学的出发点和归宿。建立的数学模型对于类似的问题是否适用，需要应用到实际问题中检验。学生掌握了方法，还要在不断的练习应用中深化理解，切实掌握该方法。根据教学目标中的重点、难点知识，在这一教学环节中，教师既要安排一些基本题（如强化新知识的单一基础题、动手操作的实践题、突破难点的针对题、克服思维定式的变式题），让学生用已掌握的知识进行解答，以达到巩固应用的目的，也要安排一些发展性习题（如综合题、一题多解的开放题），让学生从不同角度灵活运用已有的知识解决问题，以拓展学生的思维；同时，也可以引导学生由课内向课外延伸，学以致用，解决生活中的实际问题，以培养学生的应用意识。

5. 反馈评价，构建网络

"解决问题"教学的目的不仅仅是让学生学会解决一个或几个问题，也包括让学生学会一些解决问题的常用的基本策略和方法，并且获得情感上的体验。

在学生建立数学模型并运用模型解决问题的基础上，教师要引导学生进行更深层次的反馈评价，以便学生构建完整的知识体系，对所学知识有系统化、网络化的认识。

如指导学生反思解决问题的方法（问自己或他人是怎样想的，是怎样做的，是怎样使用已知信息的，等等），指导学生评价方法的合理性（这样做对吗？有不合理的地方吗？），指导学生评价方法的多样性和优化性（还有其他方法吗？还有更好的方法吗？），指导学生在反思解题过程中运用了哪些具体的策略，这些具体策略包含了哪些最基本的思想方法，并学会对此进行加工、提炼、归纳，从而得到数学思想方法。

6. 引导总结，拓展创新

体验成功，欲望萌动。在教学中，教师一方面要及时表扬、鼓励学生，另一方面要及时引导学生表达自己的心得体会，进行自我评价、自我反思，让学生体验到探究的乐趣、享受成功的快乐，从而萌发再提问、再创造的欲望，形成发现问题—解决问题—体验成功的良性循环。这个环节应贯穿在整个教学过程之中，这样学生就会带着问题走进课堂，带着问题走出课堂，走向更广阔的空间。

小学数学"解决问题"课堂教学模式初探（之二）

一、小学数学"解决问题"的本质

解决问题是指综合地、创造性地运用各种数学知识解决各种问题，包括实际问题和源于数学内部的问题。它最显著的特点是工具性和应用性。解决问题的教学能够培养学生解决问题的意识和能力，培养学生的创新精神，巩固学生的数学知识技能，使学生掌握解决问题的思想和方法。

用数学解决问题在小学数学中占重要地位，它既是发展学生数学思维的过程，又是培养学生应用意识、创新意识的重要途径，也是教学的难点之一。在传统的数学教材中，应用题是小学数学除"数与计算"外的第二大部分内容。2001年的《全日制义务教育数学课程标准（实验稿）》不再单独设"应用题"教学单元，不再出现"应用题"这一名称，甚至很少会相对集中地编排纯应用题内容，而是将"解决问题"作为四个总体目标之一，让数学的应用从"题"中走出来，突出了数学与生活的联系，对数学的教育目的做了新的定位和阐释。

《数学课程标准（实验稿）》对义务教育阶段的学生须达到的"解决问题"目标做了具体规定：初步学会从数学的角度提出问题、理解问题，并能综合运用所学的知识和技能解决问题，发展应用意识；形成解决问题的一些基本策略，体验解决问题策略的多样性，发展实践能力与创新精神；学会与人合作，并能与他人交流思维的过程和结果；初步形成评价与反思的意识。

《数学课程标准（修订稿）》提出如下内容：初步学会从数学的角度发现问题和提出问题，综合运用数学知识解决简单的实际问题，增强应用意识，提高实践能力；获得分析问题和解决问题的一些基本方法，体验解决问题方法的多样性，发展创新意识；学会与他人合作交流；初步形成评价与反思的意识。

不仅如此，《数学课程标准》在课程目标的提法上有一个改变，就是将"解决问题"修订成了"问题解决"，这一重要转变不仅仅是表面顺序的调换，更重要的是从培养学生的问题解决能力着手，强调心理认知过程。问题解决作为一个重要的教学目标，在教学过程中展现了学生的心理活动，关注了学生的学习过程，从而让学生通过问题解决形成一种能力。一定程度上，最终解决的结果并不重要，过程更重要，它要求学生在解决问题的认知过程中获得数学应用能力的发展。

二、影响学生"解决问题"的因素

1. 教材的影响

（1）主题图、情境图信息量大

主题图、情境图是数学教材的一大亮点，一幅幅寓知识、思想、情感于一体的图画让人眼前一亮，它有人物，有情节，色彩鲜艳，主题鲜明，深受学生们的喜爱。但是，学生对于信息量极大的情境图，很难在短时间内明白图中所要表达的意思，更别说深入挖掘主题图的内涵，并通过自己的观察思考，发现其中的数学问题，从中感悟出数学思想方法。所以，学生对"图"的表达常陷于看图说话的僵局，做不到用数学的眼光看待。纷繁复杂的情境图以及语言文字方面的阻碍，造成学生分析、理解能力的局限性，结果是理不清、找不准已知条件之间的关系、已知条件和问题间的关系；还有就是不明白要解决的问题，也就是不明要求、不懂题意，处于茫然状态，常常出错，导致学生对"解决问题"的学习普遍具有畏惧心理。

（2）缺少针对性训练

教材将解决问题的教学融于各部分的教学中，每一部分核心内容之后，都有相应的解决问题的例题。但相应的练习题既没有归类，又量少，教师很难把握标准，更不能大胆地进行系统的训练，从而导致中等水平及水平偏下的学生解决问题的能力越来越差。

（3）新旧教材要求不一

旧教材无论是计算题还是应用题，都对方法、规律等做出了总结性的描述。但是新教材没有呈现结论性的话语，只有对学生自主活动的建议和问题提示。这就意味着教学的灵活性增加了，教师的选择空间扩大了，教师有了更多的教学自由，但这也意味着对教师的要求更多、更高了。新教材较之旧教材，还存在如下问题：教学容量过大，知识不易落实；知识体系不强，逻辑体系不严密；练习量过少，需增补的内容较多。

（4）教师用书指导性不够强

作为教学结构的三大要素之一，作为教师教学的基础，教师用书在教学中的作用无须赘言。教师用书从无到有，从简单到缜密，一步步发展，对小学数学教学质量的提高起到了重要作用。但是，教师用书或多或少存在遗憾：有时从教师用书上看不出具体的教学要求，有时从教师用书上看不出具体的教学建议；编写意图和教学建议都言简意赅，对个别知识点的理解造成了一定的困难；教学设计和教学片段每个单元仅两三个，评价样例更是以单元为单位，仅有可怜的一两页纸。如新课标教材实验版二年级下册36页第4题教师用书的意图是：根据情境图提出问题，师生共同从中选择2~3个问题（包括需要用乘法和除法两步计算解决的问题），再让学生独立完成。二年级的学生能提

4.

你能提出什么问题？你会解答吗？

5. 联系身边的事，提出用除法计算的问题。

出两步计算的并不多，特别是连除的问题。但是，三年级下册100页的"连除"是一个新内容。既然二年级下册已经有看图提出问题的内容了，学生能独立完成了，为什么三年级下册还将"连除"作为例题讲？教师用书也没有说清楚两者的目的、要求有什么不同。

2. 教师的影响

（1）认识不足

目前仍有许多教师对小学数学解决问题教学还是运用"套题型"的方法，缺乏对解决问题数量关系的分析及对解题策略的掌握，忽视了对学生数学思维的培养，造成学生数学应用意识浅、解决实际问题能力弱。学生只能生搬硬套地解决基本问题，教师无意之中强化了学生机械模仿与不深入思考的思维习惯。虽然解决问题的教学占用了大量的教学时间和精力，但学生做题的正确率仍很低，这充分暴露了应试教育在思维技能培养上的缺陷。一些老师认为小学阶段解决问题并不困难，忽略了培养学生画图表征问题的能力，从而使学生缺乏画图表征的意识，缺乏画图解决问题的经验，缺乏主动构造图式解决问题的基本技能。

（2）指导不足

"用教材而不是教教材"，这已经是每个老师耳熟能详的一句话。新课程标准给教师一个创新的平台，要求课堂教学不仅仅停留在"教教材"的浅层面上，更要达到"用教材教"的深度。

但是对于部分教师来说，在原教材使用中积累的经验难以用上，对新教材的理解与把握不到位，教材呈现的资源多，教学自由发挥的空间大，教师困惑于如何选择、如何指导、如何确定训练点与如何整合内容。有部分教师对教材中"解决问题"体系不了解，不知道每一个学段、年级的内容和要求应该定位到什么程度，因此在驾驭好教材方面存在困难。

3. 学生自身因素的影响

（1）数学阅读能力弱

数学阅读包括读懂图意、读懂题意、读懂表格、读懂问题。造成学生阅读能力弱的原因有三个。首先，数学语言的符号化、抽象性等特点，对小学

生而言，不是轻而易举就能够掌握的。其次，低年级孩子识字量少，读题能力弱；课堂上常常依赖老师读题、解释，独立阅读的时间不多，造成没有独立读题、理解题目的习惯。最后，略读和速度几乎是所有低年级孩子数学阅读的通病，学生对给出的材料进行概括、转化、表达的能力较弱。

（2）思维定式

小学生的思维带有具体性、片断性等特点，他们机械地模仿一些常见数学问题解法的能力较强，但这些经验往往是不全面的，由此而产生的思维定式对后继知识的学习常造成干扰，会把常见的如"一共""剩下""多""少""倍"等特征词作为解题方法。

（3）解决问题方法单一

低年级学生以形象思维为主，仅仅依靠生活经验去解决问题，通过数学思考来解决问题的能力尚在初步形成阶段。学习了"加""减""乘""除"以后，学生解决问题的方式多限于四则运算的算式，解决问题的办法比较单一，对于诸如分析、归纳、猜想、推理、列表、画图等发现问题、解决问题的科学思维方法了解不多，不能合理运用。

三、构建解决问题课堂教学模式

实施新教材十几年来，我校在小学数学学科中进行了"解决问题"教学模式的研究与实践，已初步构建了自己的教学模式。

低年级解决问题课堂教学模式：

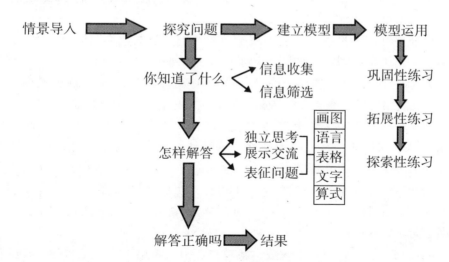

高年级解决问题课堂教学模式：

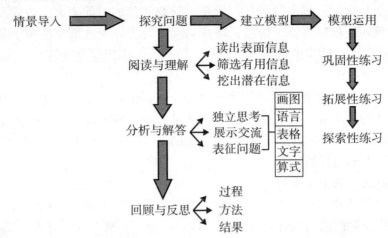

1. 情境导入，激发兴趣

新课程所要求的"解决问题"教学要让学生能从现实生活中发现并提出简单的数学问题。把学生都带到现实的社会课堂之中去亲历，是不可能的事。因此，我们需要在课堂教学中创设现实的或拟现实、生活化、符合学生的认知特点和知识经验的情境（包括活化教科书中的画面），让学生仔细观察、细致感知。

2. 探究问题

（1）收集、处理信息

指导学生对信息进行收集和整理，把发现的信息用数学的方式描述清晰，为提出问题和解决问题所用。

借助主题图创设生动有趣的教学情境，把抽象的数学知识与实际生活联系起来。先让学生观察主题图，知道图上画了些什么，写了些什么，让学生独立认真地看。再让学生说一说，观察到了什么，理解了什么。通过观察汇报，使学生在观察中学会观察，在观察中体会生活中存在的数学信息。

如新教材二年级上册第23页例题4，主题图看起来比较复杂，所以我们首先让学生有顺序、有目的地观察，这是什么地方？讲了什么事情？其次，处理好情境信息，把发现的数据信息化、量化，抽取文字进行信息板书，如：二（1）班得了16面小红旗，三（1）班比二（1）班少2面，二（1）班比三（1）班多2面，四（1）班和二（1）班同样多，都是16面，四（1）班比三（1）班多2面，等等。

阅读与理解：人教版小学数学新教材在中、高年级解决问题教学内容中，例题明确提出了三步法：阅读与理解—分析与解答—回顾与反思。这三步是解决问题的一般过程，是一个有机整体，而阅读与理解是基础。"阅读"是从视觉材料中获取信息的过程。"理解"是解题思维活动的开始，是数学学习的关键。

浏览表面信息："从图中你读到了什么数学信息？"就是引导学生对画面进行整体浏览，在浏览的同时充分观察，在充分观察的基础上，把观察到的情境有顺序地、完整地用自己的语言描述清楚，把图、文转化成信息进行提取；使学生学会从数学的角度观察画面，运用已有的能力从繁杂的生活情境中提取信息，再进一步选择有用的数学信息，进而提出问题、解决问题。

筛选可用信息："能不能把这些信息整理一下，使其中的数学信息看起来一目了然？"让学生通过观察，从中找出有价值的数学信息，及时捕捉自己所需的内容，舍弃无关的部分；让学生学会在解决问题的过程中排除无效信息的干扰，筛选和重组这些数学信息，提高对信息的甄别能力。

洞察关键信息："在这些信息里面，你最关注什么？"让学生把众多信息再次进行全面的审阅，仔细推敲每个字、词、句的意义，深入解读。在这个自主探究、内化思维的过程中，学生可以准确理解题意和厘清数量关系。抓关键词是对学生学习的一种优化，长期落实，学生就会有意识、有目的地自我分析，提高自身的综合能力。

挖掘潜在信息：把所有的信息联系、整合起来，形成信息串；透视潜在的数量关系，使复杂的问题简单化，从而得到更为便捷的解题方法。

（2）分析与解答

这是解决问题教学的一个中心环节，是让学生独立思考、动手实践与合作交流的过程。在这个过程中，学生是学习和探究的主体，而教师则应给学生提供充分的帮助，让学生发挥潜力，指导学生分析问题与已有信息间的联系，搜集与问题可能有关的知识与方法，选择所需要的学习活动，然后再让个人或小组针对问题进行自主探究，寻找解决问题的途径、方法和策略，自觉矫正错误，逐步得出结论，然后在组内交流，并形成初步的学习方案。

《数学课程标准》指出，利用图形描述和分析问题是培养、发展学生的几何直观能力的主要途径。由此可见，画图表征问题既是解决问题的一种基本策略，也是学生的基本能力。在这个过程中，教师要鼓励学生从不同的角度，用不同的思路，联系不同的经验，探索不同方式来表征问题。如果直接用数学式子表达，学生通常会产生只会做题却不懂数学思维的情况，因为小学生的思维发展离不开具体事物的支撑。而利用图画，再通过说的活动，用语言表示自己的操作过程，正好可以凭借其直观的特点将抽象的数学语言与形象的图形语言有机结合，将抽象思维与形象思维结合，把复杂的数学问题变得简明、形象，从而有利于学生思考、探索。学生获得直观经验后，再写出相应的算式，说说算式表示的意思，最后又利用这个图画去解释。让学生经历从动作表征到语言表征再到符号表征的过程，实现多种表征方式的相互转化。

这个过程要经历的大致程序是：①让学生独立思考，并把自己的思考过程和结果记录下来；②与同伴协作讨论、切磋，看看别人解决问题的方法和策略与自己有什么不同，反思自己的解题方法和结果的正误，评价哪种策略和方法更加合理，如果自己遇到困难了可以从同伴（或老师）处获得帮助；③与同伴共同探讨解决问题的多种策略，小组长做好记录，以在下一环节中参与全班交流。在这个探究的过程中，教师除了组织活动和为学生提供帮助外，还要不断巡视，发现学生正确或错误的典型案例，教师要参与到各组中及时撷取信息，收集同学们存在的共性问题、疑难问题、核心问题、难点问题，适时引导调控，并组织全班交流讨论。

（3）回顾与反思

在解决问题的教学中，教材非常重视培养学生回顾与反思问题的习惯。

一是引导学生对结果进行检查，初步判断结果的正确性，以此检验解题过程是否合理。

二是让学生有意识地回顾自己解决问题的过程，反思解决问题的方法。（问自己或他人是怎样想的，是怎样做的，怎样使用已知信息的，在分析解答时又是怎么想的。题目中哪句话引起了思考？自己列出了什么算式？每一步求出来的是什么？）

三是沟通反思不同策略之间的联系，培养学生优化方法的意识。通过对不同方法的解答过程的检验，进一步让学生体会到解题策略的多样性，指导学生评价方法的多样性和优化性。（还有其他方法吗？还有更好的方法吗？）

四是抽象此类解决问题的结构、数量关系、解决思路，突出基本解题模型的构建。

3. 建立模型

解决问题的意义在于，学生可以通过解决问题的数学活动，学到解题方法，形成解题策略，得出自己认为最佳的方法、策略，自主构建数学模型。小学阶段，数量关系就是数学模型。《数学课程标准》指出："数学教学应该从学生已有生活经验出发，让学生亲身经历将实际问题抽象成数学模型的过程并理解运用。"学生对数学信息进行内在的思维加工过程，就是数学模型的构建过程。

如小学数学新教材二年级下册第4页例题1，学生解决问题的方法有多种，我们这时可组织学生汇报、讨论、交流，对全班已有的各种意见自觉比较、归纳、概括，学生发现用"原来的－走了的＋又来的"，或者用"原来的＋又来的－走了的"都能算出"现在看戏有多少人"。而这个过程，其实就是将实际生活问题转换为数学问题的过程，是让问题得以全面彻底解决的过程，也是一个张扬个性、体验成功的过程。学生在对自己的方法的解释中，内化了"原来的人数""又来的人数""现在的人数"三个数量之间的关系，构建起解决问题的方法。通过探究，学生在原有经验的基础上，尝试探索了解决问题的方法；在展示交流的基础上，理解了解决问题的方法，建立了数学模型。

四、运用模型

用数学是学数学的出发点和归宿。建立的数学模型对于类似的问题是否适用，需要应用到实际问题中检验。学生掌握了方法，还要在不断的练习应用中深化理解，以切实掌握该方法。根据教学目标中的重点、难点，教师在这一环节中既要安排一些基本题（如强化新知识的单一基础题、动手操作的实践题、突破难点的针对题、克服思维定式的变式题），让学生用已掌握的知识进行解答，以达到巩固应用的目的，也要安排一些发展性习题（如综合题、一题多解的开放题），让学生从不同角度灵活运用知识解决问题，以拓展学生的思维；同时也可以引导学生由课内向课外延伸，学以致用，解决一些生活中的实际问题，培养学生的应用意识。

五、反馈评价

"解决问题"教学的目的不仅仅是让学生解决一个或几个问题，也包括让学生学会一些解决问题的常用的基本策略和方法，并且获得情感上的体验。

在学生建立数学模型并运用模型解决问题的基础上，教师引导学生进行更深层次的反馈评价，以便学生构建完整的知识体系，对所学知识有系统化、网络化的认识。

六、引导总结

在教学中，教师一方面要及时表扬、鼓励学生，另一方面要及时引导学生表达自己的心得体会，进行自我评价、自我反思，让学生体验到探究的乐趣，享受成功的快乐，从而萌发再提问、再创造的欲望，形成发现问题—解决问题—体验成功—发现问题的良性循环。

"解决问题"的教学模式是以"创设情境，收集信息"为前提，以"提出问题，解决问题"为核心，以"合作探究，展示交流"为策略，以"建立模型，拓展创新"为目标而展开的多项思维活动。它强调把学习设置在复杂的、有意义的问题情境中，使学生发现问题、提出问题，调动学生情、知、意、行等各种要素，并在学生积极主动参与学习的过程中，充分引导学生利用已有的生活经验，通过研究探索，合作解决生活中的数学问题，形成解决问题的技能，以发展学生的数学能力，让学生体会数学在现实生活中的应用价值，激发学生参与数学学习的兴趣。

小学数学低年级画图"解决问题"初探

"解决问题"在小学数学中占重要地位，它既是发展学生数学思维的过程，又是培养学生应用意识、创新意识的重要途径，也是教学的难点之一。低年级的学生年龄小，抽象思维水平不高，但是通过图画表征的方式，将学生置身于学习新知识的相关的生活情境中，将这种生活经验变成数学资源，不仅利于学生直观理解数学，对信息进行收集、处理，分析数量关系，而且利于学生形象思维、创新思维的培养和数学思想的渗透，以构建有序思维和数学模型，还利于多元表征的整合，让学生自然地实现生活到数学的转化。而这个自主体验的过程，使学生获得数学的基本活动经验，逐步学会数学的思想方法和如何用数学去解决问题。

一、小学数学"解决问题"的本质

解决问题是指综合地、创造性地运用各种数学知识去解决各种问题，包括实际问题和源于数学内部的问题。它最显著的特点是工具性和应用性。解决问题的教学能够培养学生解决问题的意识和能力，培养学生的创新精神，巩固学生所学的数学知识，并让学生掌握解决问题的思想和方法。

用数学解决问题在小学数学中占重要地位，它既是发展学生数学思维的过程，又是培养学生应用意识、创新意识的重要途径，也是教学的难点之一。在传统的数学教材中，应用题是小学数学除"数与计算"外的第二大部分内容，2001年的《全日制义务教育数学课程标准（实验稿）》不再单独设"应用题"教学单元，甚至很少相对集中地编排纯应用题内容，而是将"解决问题"作为四个总体目标之一，让数学的应用从"题"中走出来，突出了数学与生活的联系，对数学的教育目的做了新的定位和阐释。

《数学课程标准（实验稿）》对义务教育阶段的学生须达到的"解决问题"目标做了具体规定：初步学会从数学的角度提出问题、理解问题，并能综合运用所学的知识和技能解决问题，发展应用意识；形成解决问题的一些基本策略，体验解决问题策略的多样性，发展实践能力与创新精神；学会与人合作，与他人交流思维，互相探讨；初步形成评价与反思的意识。

《数学课程标准（修订稿）》提出如下内容：初步学会从数学的角度发现问题和提出问题，综合运用数学知识解决简单的实际问题，增强应用意识，提高实践能力；获得分析问题和解决问题的一些基本方法，体验解决问题方法的多样性，发展创新意识；学会与他人合作交流；初步形成评价与反思的意识。

不仅如此，《数学课程标准》在课程目标的提法上还有一个改变，就是将"解决问题"修订成了"问题解决"，这一重要转变不仅仅是表面顺序的调换，更重要的是从培养学生的问题解决能力着手，强调心理认知过程。问题解决作为一个重要的教学目标，在教学过程中展现了学生的心理活动，关注了学生学习的整个过程，从而让学生通过学习问题解决形成一种能力。一定程度上，最终解决的结果并不重要，但过程更重要，要让学生在解决问题的认知过程中获得数学应用能力。

二、影响学生"解决问题"的因素

1. 教材的影响

（1）主题图、情境图信息量大

主题图、情境图是课程标准教育教科书数学教材的一大亮点，是一幅幅寓知识、思想、情感于一体的图画，它有人物，有情节，色彩鲜艳，主题鲜明，深受学生们的喜爱。但是，学生对于信息量极大的情境图，很难在短时间内明白图中所要表达的意思，更别说深入挖掘主题图的内涵，通过自己的观察思考，发现其中的数学问题，并且从中感悟出数学思想方法。所以，学生对"图"的表达常陷于语文的看图说话的僵局，做不到用数学的眼光看待。纷繁复杂的情境图以及语言文字方面的阻碍，造成学生分析、理解能力的局限性，结果便是理不清，找不准已知条件之间的关系、已知条件和问题间的关系，也不明白要解决的问题，即不明要求、不懂题意。

（2）缺少针对性训练

教材将解决问题的教学融于各知识点的教学中，每一部分核心内容后面都安排了用所学知识解决问题的例题。但这些例题没有归类，相应的练习题又少，教师很难把握标准，更不能大胆地进行系统的训练，从而导致中等水平及水平偏下的学生的解决问题的能力越来越差。

（3）新旧教材要求不一

旧教材无论是计算题还是应用题，都对方法、规律等做出了总结性的描述。但是新教材没有呈现结论性的话语，只有对学生自主活动的建议和问题提示。这就意味着教学的灵活性增加了，教师的选择空间扩大了，教师有了更多的教学自由，但这也意味着对教师的要求更多、更高了。新教材较之旧教材，还存在如下问题：教学容量过大，知识不易落实；知识体系不强，逻辑体系不严密；练习量过少，需增补的内容较多。

（4）教师用书指导性不强

作为教学结构的三大要素之一，教师用书在教学中的作用无须赘言。教师用书从无到有，从简单到缜密，一步步发展，对小学数学教学质量的提高起到了重要作用。但是，教师用书或多或少存在遗憾：有时从教师用书上看不出具体的教学要求，有时从教师用书上看不出具体的教学建议，编写意图和教学建议都言简意赅，对个别知识点的理解造成一定的困难；教学设计和教学片段每个单元仅两三个，评价样例仅有可怜的一两页纸。如新课标教材实验版二年级下册第36页第4题，教师用书的意图是：根据情境图提出问题，师生共同从中选择2~3个问题（包括需要用乘法和除法两步计算解决的问题），再让学生独立完成。二年级的学生能提出两步计算的并不多，特别是连除的问题。但是，三年级下册第100页的连除是一个新内容。既然二年级下册已经有看图提出问题的内容了，学生能独立完成了，为什么三年级下册还将连除作为例题讲？教师用书也没有说清楚两者的目的、要求有什么不同。

4.

你能提出什么问题？你会解答吗？

2. 教师的影响

（1）认识不足

目前仍有许多教师对小学数学解决问题教学依然运用"套题型"的方法，缺乏对解决问题数量关系的分析及对解题策略的掌握，忽视了对学生优良思维品质的培养，造成学生数学应用意识浅、解决实际问题能力弱。虽然解决问题的教学占用了大量的教学时间和精力，学生做题的正确率仍很低。这充分暴露了应试教育在思维技能培养上的缺陷。一些老师认为小学阶段解决问题并不困难，忽略了培养学生画图表征问题的能力，从而使学生缺乏画图表征的意识，缺乏画图解决问题的经验和主动构造图式解决问题的基本技能。

（2）指导不足

"用教材而不是教教材"，这已经是每个老师耳熟能详的一句话。新课程标准提供给教师一个创新的平台，要求课堂教学不仅仅停留在"教教材"的浅层面上，更要达到"用教材教"的深度。

对于部分教师来说，在原教材使用中积累的经验难以用上，加之对新教材的理解与把握不到位，而教材呈现的资源多，教学自由发挥的空间大，教师困惑于如何选择、如何指导、如何确定训练点与如何整合内容。有部分教师对教材中"解决问题"体系不了解，不知道每一个学段、年级的内容和要求应该定位到什么程度，因此在驾驭好教材方面存在困难。

3. 学生自身因素的影响

（1）数学阅读能力弱

数学阅读包括读懂图意、读懂题意、读懂表格、读懂问题。造成学生阅读能力弱的原因有三个。首先，数学语言的符号化、抽象性等特点，对小学生而言，不是轻而易举就能够掌握的。其次，低年级孩子识字量少，读题能力弱；课堂上常常依赖老师读题、解释，独立阅读的时间不多，造成没有独立读题、理解题目的习惯。最后，略读和阅读速度几乎是所有低年级孩子数学阅读的通病，学生对给出的材料进行概括、转化、表达的能力弱。

（2）思维定式

小学生的思维带有具体性、片断性等特点，他们机械地模仿一些常见数学问题解法的能力较强，但这些经验往往是不全面的，由此而产生的思维定式对后继知识的学习常造成干扰，会把常见的如"一共""剩下""多""少""倍"等特征词作为解题方法。

（3）解决问题方法单一

低年级学生以形象思维为主，仅仅依靠生活经验去解决问题，通过数学思考解决问题的能力尚在形成阶段。学习了"加""减""乘""除"以后，学生解决问题的方式多限于四则运算的算式，解决问题的办法比较单一，对于诸如分析、归纳、猜想、推理、列表、画图等发现问题、解决问题的科学思维方法了解不多，不能合理运用。

三、学生利用图示表征解决问题的多样性

画图表征指的是信息以图画的方式呈现。《数学课程标准》指出，利用图形描述和分析问题是培养、发展学生的几何直观能力的主要途径。由此可见，画图表征问题既是解决问题的一种基本策略，也是学生的基本能力。画图策略是众多的解题策略中最基本、最重要的策略，它通过各种图形帮助学生把抽象问题具体化、直观化，从而使学生从图中理解题意和分析数量关系，搜寻解决问题的突破口。我在近6年的"图示表征解决问题"的专项研究中，发现学生画的图大致可归类为线段图、树形图、集合图、示意图、思维图、表格。

1. 线段图

线段图是由几条线段组合在一起，用来表示应用题中的数量关系，帮助人们分析题意、解答问题的一种平面图形。线段图能使题中的数量关系更形象、更直观。画线段图是小学数学问题解决中常用的一种思考策略，它能将题中蕴含的抽象的数量关系以形象、直观的方式表达出来，更清楚地反映数量关系、结构特征，帮助学生分析应用题中的数量关系，培养学生"比较"等逻辑思维能力。

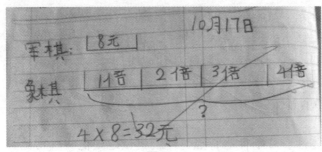
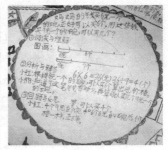

图1   图2

图 1 用线段的长度表示数量，而且表示出了两种数量之间的倍数关系。图中，学生直观地展示了"一个数的几倍是多少"的数量关系，明确求"一个数的几倍是多少"就是求"几个几是多少"。在此基础上，联系乘法的含义，展示求"一个数的几倍是多少"用乘法计算的过程。

图 2 中的总价相等这一数量关系，学生用上、下两条长度相等的线段来呈现，再通过把上、下两条线段平均分成相应的份数。这既能很好地表明总量一定的数量关系，也能体现每一步骤中单价与数量的关系，容易建立此类问题的数学模型，即"总量不变，需要先用乘法算出总量"的数学模型，加深学生对乘、除法数量关系的理解。

2. 树形图

树形图是数据树的图形表示形式，以"父子层次结构"来组织对象，是枚举法的一种表达方式。低年级孩子可以通过树形图展示自己的思维过程，学习调整的方法和罗列的有序性。

图 3、图 4 中，学生用树形图表达解决问题的过程与结果。

图3   图4

图 5 中，握手是生活中最常见的生活礼仪，学生虽熟悉，但并不了解其背后的道理。通过画一画、排一排，呈现了简单的、有条理的思考，学生体验到有序、全面思考问题的重要性。

图5

3. 集合图

集合图（Venn Plot，也称韦恩图）就是用封闭的曲线（内部区域）表示集合及其关系的图形。集合图既形象、具体，又能培养学生的整体观念，学会利用集合的思想方法思考问题。

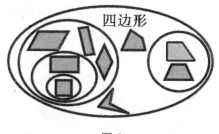

图 6　　　　　　　　　　　　　　　　　图 7

图 6 清晰地呈现了四边形之间的包含关系，而图 7 的集合图更清晰地表现出重叠关系中的两个或多个数据之间的关系。

4. 示意图

示意图可以让人更直观、更清晰、更好地分析问题，在解决问题的过程中，画示意图是帮助理解题意的重要手段。学生们可以根据自己的经验，画出一些让我们意想不到的图。他们借助示意图把抽象的数学问题具体化，还原问题的本来面目。

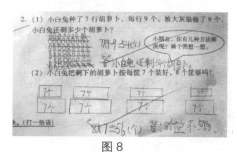

图 8 中，学生根据收集的信息画出示意图，找出解决问题的关键，即隐藏的问题——一共有多少个胡萝卜，呈现了学生思维的有序性和条理性。

图 8

图 9

图 9 是比较两个量相差多少的问题。学生在两个量一一对应的基础上，圈出多余的部分，明白了"比多少问题与减法模型之间的联系"，从而理解了比多（比少）的数学问题的思维方法。

图 10

图 10 中，学生要综合运用数的大小、数序等知识解决问题。学生画出已知的第 8 个和第 4 个同学，中间少了（第 7、第 6、第 5）三个同学便一目了然，学生用自己能理解的方法解决问题。

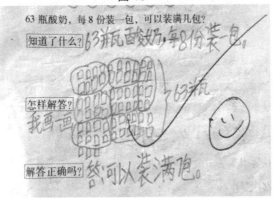

图 11

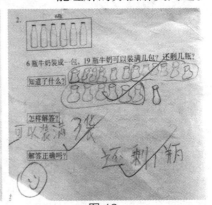

图 12

而图 11、图 12，此时学生还没有学习用除法解决问题，但是学生已经能够用"分一分"的图画表达"分"的过程，在头脑中构建并形成"分"的表象，丰富了解决问题的策略，体会了数学知识的简单运用，也为以后学习除法、理解余数积累一些经验。

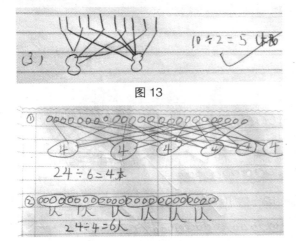

图 13

图 14

图 13 是对平均分的直观认识，图 14 学生通过图画、算式不同的方式表征问题结构——"平均分"的两种情况：等分和包含。学生在图画中已经呈现出"平均分"的过程，明白不管怎样进行平均分，等分也好，包含也好，都可以写成除法算式。在此，学生可以体会除法运算的含义，深化除法的概念。

5. 思维导图

思维导图又叫心智图，是表达发散性思维的有效的图形思维工具，它简单却又极其有效，它通常将某一主题的有关概念置于圆圈或方框之中，然后用"线"将相关的概念和命题连接，并在连线上标明两个概念之间的意义关系。

把思维导图应用到小学数学解决问题的教学中，有利于学生整理自己的学习情况。思维导图能够构造清晰的知识网络，便于学生对整个知识结构的掌握，有利于发散思维的形成，促进知识的扩展。

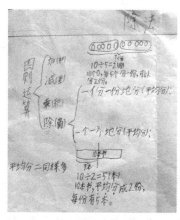

图 15

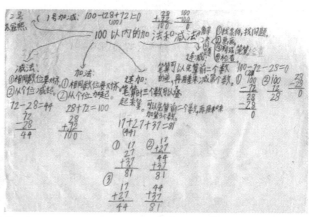

图 16

图 15、图 16 是在"表内除法"的单元学习后，学生把平时相对独立的除法的知识进行系统整理，以再现、整理、归纳的方式用思维导图串起来，

图 17

使之经历"点—线—面"过程，形成知识网络，达到系统化，进而加深对知识的理解，提高认识程度，达到温故而知新的目的。

图 17 是学生对解决问题的方式的系统整理，方法包括列表、列算式、画图、文字描述，而列算式解决问题可以选择估算、笔算、口算等方法。由此看出，学生已经从"解题"中解脱，学会根据实际情况选择合适的方法解决问题。

6. 列表

以表格为"容器"，装载着文字或图表的一种形式叫列表。列表法是解决问

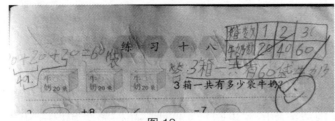

图 18

图 19

题的重要的思想方法，是正确、合理、灵活的思维方式。列表法可以有效地筛选、整理有用的数学信息，便捷地找出解答问题的方法，使问题得到解决。

图 18、图 19 中，学生用列表整理信息，清楚地反映有序思考的过程。对能力弱的学生来说，列表法有助于其理解过程，掌握方法。

四、图示表征解决问题的功能

《数学课程标准》明确指出，几何直观主要指利用图形描述和分析问题，借助几何直观可以把复杂的数学问题变得简明、形象，有助于探索解决问题的思路，预测结果。几何直观可以帮助学生直观地理解数学，它在整个数学学习过程中发挥着重要作用。

1. 利于信息的收集、处理

捕捉信息、提取数学信息是每个学生必备的基本能力，也是解决问题的基础。解决问题的教学应为学生创造解决问题的机会，注重培养学生从图中获取信息、提出问题的意识和能力。如图 20，学生能非常直观地表示题意，16 个圈圈代表 16 只小鸭，表示数量。其中 8 个圈圈打了叉表示游走的一半，使复杂的数学信息变得简明、形象、直观。图 21 中，在"怎样解答？"环节，学生解决问题的方法是"圈一圈"，把收集到的"46 本作业本"这一信息用 46 个圈圈表示。

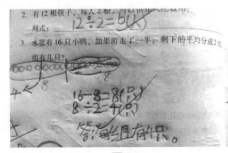

图 20

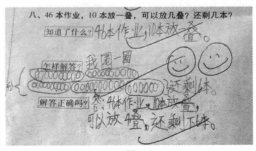

图 21

图22

图23

图24

图25

图26

新课标教材经常提供具体的生活情境，让学生在这些纷繁复杂的情境图中提炼出有用的信息，并将这些信息进行思维加工。学生在操作、画图或用符号表示问题情境的过程中认识到，有些条件与条件、条件与问题之间是有联系的，有些条件与问题之间是无关联的，从而学会选择有效的信息解决问题。如图22、图23、图24，学生在画图的过程中发现"多余条件"，用"打叉"的方式表示自己舍弃图中不相干的要素。

2. 利于学生表达自己的想法

以往的教学多采用综合法和分析法帮助学生分析问题，教学的重心是分析数量关系间存在的唯一的运算关系，将加、减、乘、除等运算作为"解题方法"的手段，解决问题的过程单一地以算式"解题"去呈现，形式单调。而画图表征解决问题则没有现成的类型和解法套用，具有新颖性和挑战性。它允许学生根据不同的形象思维水平和抽象思维水平选择适合自己的"图画"表示问题解决的过程和结果，可以是列算式，可以是符号，可以是文字叙述，可以是表格，也可以是思路

图 27

（如图27），这些都有利于培养学生的创新思维、实践能力。如图25，学生求近似数的时候，用线段帮助自己思考；图26中，学生用图将所模拟的情境画下来，光头小人表示男生，在两个男生之间画一个有辫子的小人表示女生；图27中，学生用连加的方式去求总数。这些方式已经完全脱离了"解题"，真实地表达了学生在如何"解决问题"。

3. 利于数学模型的建立

在小学阶段，数量关系就是数学模型。《数学课程标准》指出："数学教学应该从学生已有生活经验出发，让学生亲身经历将实际问题抽象成数学模型并理解运用。"学生对数学信息进行内在的思维加工过程，就是数学模型的构建过程。

低年级学生年龄小，理解能力有限，解决问题有一定困难。但用图表示题中数量，能使数量关系更直观形象，让问题化难为易。如图28、图29、图30，学生经历了观察分析、收集信息、处理信息等活动后，用图的方式明确了几个数量之间的关系：公鸡母鸡总数－公鸡的只数＝母鸡的只数，上午的箱数－下午的箱数＝多的箱数，东东产蛋的个数＋相差数＝西西产蛋的个数。

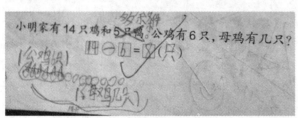

图 28

图 29

图 30

图31中，孩子借助包含简单的图形、符号和文字的示意图，明白数学知识之间的联系，从复杂的情境中揭示最本质的特征：求女生和男生两部分的和用加法解决。

图32、图33中，首先是从复杂的实际问题中筛选出有用信息，"摘了68箱，

还剩下 5 箱""要来 48 位家长,已经放了 30 把椅子",这是"数学建模"的起点;然后根据已提出的问题, 从具体的问题情境中抽出"剩下的和运走的合起来是

图 31

68""放好的 30 把和缺了的家长人数合起来就是 48 位家长", 探索出解决问题的方法并解决问题, 学生这一过程实际上就是"数学化"的过程, 就是一次建模的过程。

图 32

图 33

4. 利于多元表征的整合

布鲁纳的多元表征理论表明, 对数学概念的理解有多种方式, 多种方式之间建立起联系, 才能深化对概念的理解。例如,用不同表征方式理解"进一法"的道理。

教师出示二年级下册教材第 67 页例 5:22 个学生去划船, 每条船最多坐 4 人。他们至少要租多少条船? 之后再向学生提出问题:

(1) 与刚才租船情况相比, 找出相同和不同的地方。

(2) 你打算怎么安排租船? 请你解决。

针对第二个问题, 学生的方法有多种:

方法①:(画图) 要租 6 条船, 因为剩下 2 人也要租一条船。

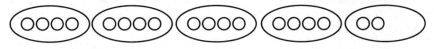

方法②:(减法)22-4-4-4-4-4=2(人), 得出结果, 需要租 6 条船。

方法③:(迁移) 刚才 20 人至少要租 5 条船, 多 2 人也要一条船, 所以要租 6 条船。

方法④:(数数)4、4、4、4、4、2, 一共要租 6 条船。

方法⑤:(除法)22÷4=5(条)……2(人), 租 5 条船, 但还有 2 人需要坐船, 所以一共要租 6 条船。

…………

最后得出结论：解决问题要注意考虑实际情况，即使坐不满，剩余的人也要再租一条船，这样才能满足让22个学生都去划船的要求。

这里，学生用了不同的表征方法。1.用图表示：○○○○ ○○○○ ○○○○ ○○○○ ○○○○ ○○，共5+1=6条船。2.用符号表示：4、4、4、4、4、2，共5+1=6条船。3.用竖式表示。4.用语言表示。

如果直接用数学式子来表示，学生通常只会做题却不懂数学，本课若仅通过算式判断是否"进一"是很难的，因为小学生的思维发展离不开具体事物的支撑。利用图画"安排坐船"，再通过说的活动，用语言表达自己的操作过程，描述如何安排坐船，说明多租一条船的道理，学生正好将抽象的数学语言与形象的图形语言有机结合起来，可以将抽象思维与形象思维结合起来，使复杂的数学问题变得简明、形象，从而促进自身思考、探索问题。

学生获得直观经验后，再写出相应的算式，让学生说说算式表示的意思，最后利用这个图画去解释"进一"。学生在动作表征、语言表征到符号表征的过程中，体验了多种表征方式的相互转化。

五、图示表征解决问题的策略

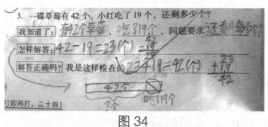

图 34

图 35

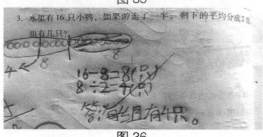

图 36

1.边读边画，思维由外化到内化

边读边画，有助于学生理解题目内容、提示信息的内涵，使复杂的数学信息变得简明、形象、直观，实现形象思维与抽象思维的互补。

图 34 用线段的长度表示数量，表示了总数与部分之间的关系。图中，学生清晰地展示了从总数里去掉一部分，求剩下的另一部分，呈现了用减法计算的过程。

图 35 用树形图把一个大目标分得很细，以此表明具体目标，准确、清晰、快速、直观，能表达清楚自己的想法，一目了然。

图 36 中，学生能非常直观

112

地理解题意，16 个圈圈代表 16 只小鸭，表示数量。其中 8 个圈圈打了叉表示游走的一半，使复杂的数学信息变得简明、形象、直观。

图 37

图 38

图 37 中，学生在操作中明确了分什么、怎么分、结果是什么。为理解被除数是总数，除数和商分别是要分的份数和每份数，余数是不够一份而多出的数，余数比除数小的道理，学生不断在头脑中形成有关"除法"的正确、清晰、深刻的表象。

图 38 中，按原题的条件，数量关系解答起来比较复杂，如果学生根据知识之间的内在联系，变换一种方式去思考，恰当地运用直观图把原来的问题转化为另一种容易解决的问题，便可以轻松打开解题思路，顺利解决问题。

"边读边画"不仅可以增强学习趣味性，调动学生学习的主动性，还可以发展学生思维，有助于学生的数学素养的全面提升。通过"图"的展示，题目中的数量关系一目了然，学生分析起来自然就更容易。而学生在画图的过程中，读题、明确问题、寻找条件，把文字转化成图画，发现数量关系，再把图画转化成思维，这一系列脑力活动可以完整地构建思维从"外化"到"内化"的过程。

2. 条理思考，思维从无序走向有序

有序思考方法的掌握对学生来说是非常有益的。有序思考具有明显的优越性，其价值远远超过解决问题本身的意义。

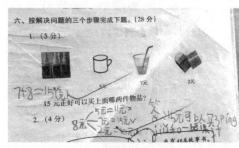

图 39

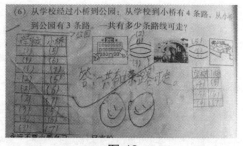

图 40

图 39 中，学生按照一定的条理，朝着有利于解题的思维方向有序地思考问题，思维有序，方法对头，思路清晰。

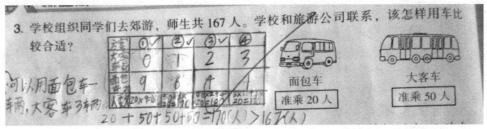

图 41

图 40、图 41 中，学生在列表的过程中经历了一个有计划、有思考、有顺序的数学操作活动。经过分析、综合、抽象、概括的思维活动，思维的条理性得到提高。我们可以明显地看出，学生的思维处于无序思维向有序思维过渡中。

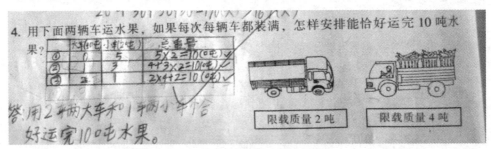

图 42

图 42 中，学生的思维是由浅入深、由远到近地不断优化的过程，是逐步推进的。学生首先考虑安排大车，根据大车的载重调整小车的辆数，大车的辆数从少到多，方法对头，思路清晰。从这就可以看出学生思维方式的有序性，反映了一定的逻辑顺序。但是有序思维能力的培养不是一朝一夕就能完成的，必须渗透到我们的每一节课、每一个习题中，做到日积月累，只有这样，才能让学生从"无序"到"有序"，最终达到水滴石穿的效果。

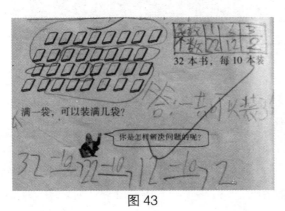

图 43

3. 综合运用，方法从繁杂走向简化

《数学课程标准》指出，因学生生活背景和思考角度不同，解决问题时所使用的方法必然是多样的，教师应尊重学生的想法，鼓励学生独立思考，提倡解题方法的多样化。

不同的孩子按照自己的理解采用不同的方式解决同样的问题，这是可以理解的。教师要注

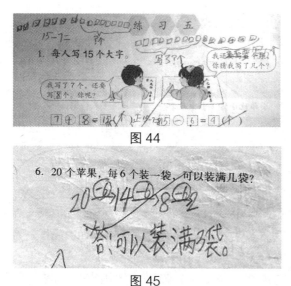

图 44

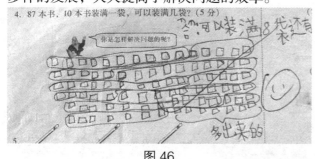

图 45

重引导学生进行方法比较，同时也要反思自己的方法，学习别人好的解题思路。

图 43、图 44、图 45 中的三个问题，学生都采用画图的形式将抽象的文字用直观的图示表示出来，这是对数学问题的提炼和概括，既反映出学生对问题的理解程度，也便于学生清楚地看出条件与条件之间、条件与问题之间的联系，更好地获得解决问题的方法。图 43 中，学生用了"圈一圈""列表""连续减"三种方法去解决问题；图 44 中，学生分别用了"画一画""列算式"两种方法解决问题；图 45 中，学生仅仅用了一种方法。通过对这些方法的讨论，学生的思维得到了多样的发展，大大提高了解决问题的效率。

图 46

图 47

不同的学生会按照自己的理解用不同的方式解决同样的问题。一年级的学生在面对"分 87 本书"这个量的时候，采用符号表征的方式，用圈表示 10 个分一份，如图 46。而图 47 中，学生已经脱离直观图的方式，而是采用算式表征去解决问题。这种迁移实现了从图到式的转化，呈现了策略的优化。

因此，在教学中，教师要充分利用其他学生的不同解法，为这些学生提供模仿、学习的范例，引导他们掌握最基本的方法，使他们的解法逐步优化，使他们的思维得到发展。只有这样，"不同的人在数学上得到不同的发展"才不至于是一句空话。

　　有学者通过教学研究，将学生的表达方式划分为三个类别——实物及图形表达、数学表达、特殊表达，并指出实物及图形表达方式是每个学生必须掌握的基本知识。借助画图表征，可以化抽象为直观，所以采用图示表征解决问题的方式，十分适合低年级学生的思维特点与认知心理特点。在用图形解释算式的过程中，学生可以感受图画的价值，体验策略的运用，形成主动选择画图策略解决问题的意识、能力和习惯。在画图的活动中，学生可以体会方法、感悟策略、发展思维、获得思想。

　　小学生特别是低年级的学生，因年龄小，抽象思维水平不高，通过画图能轻松地把一些抽象的数学问题具体化，复杂的问题简单化，容易找到解决问题的关键。通过画图表征的方式，学生置身于学习新知识的相关的生活情境中，轻易地将生活经验变成数学资源，自然地实现生活到数学的转化，进而逐步学会数学的思想方法，逐步学会运用数学知识解决问题。

　　因此，教师应引导学生在读懂题意的基础上，鼓励学生用直观图将题目中的问题和条件表示出来，合理利用画图表征，帮助学生理解抽象概念、理清数量关系、构建几何表象，使实际问题抽象为数学问题，达到明晰数量关系、促进问题解决的目的。

参考文献：

[1] 刘兼，孙晓天．数学课程标准解读：实验稿 [M]．北京：北京师范大学出版社，2002．

[2] 叶尧城，向鹤梅．全日制义务教育数学课程标准教师读本 [M]．武汉：华中师范大学出版社，2003．

小学数学"解决问题"的策略初探

《数学课程标准（实验稿）》对义务教育阶段的学生须达到的"解决问题"目标做了具体规定：初步学会从数学的角度提出问题、理解问题，并能综合运用所学的知识和技能解决问题，发展应用意识；形成解决问题的一些基本策略，体验解决问题策略的多样性，发展实践能力与创新精神；学会与人合作，并能与他人交流思维的过程和结果；初步形成评价与反思的意识。

那么，小学数学的十二本教材体现了解决问题的哪些策略呢？又是如何体现的？本文对人教版数学教材中所有"解决问题"的内容进行了整理、研究，从例题的内容、分布、策略等方面对教材进行比较，旨在把教材读广、读厚，读出教材的前后联系、编写意图。

一、人教版"解决问题"教材编排

2011 版人教教材关于"解决问题的课例"有 56 个，编排如下：

教材	页数	内容	策略	意图、建议
一年级上册	第 46 页例题	简单求和		
一年级上册	第 47 页例题	简单求剩余		
一年级上册	第 57 页例题	明确解决问题需要的信息		
一年级上册	第 79 页例 6	深化对数的大小、序数的理解，加深对基数和序数含义的理解	画示意图	理解"画示意图"是帮助理解题意的重要手段
一年级上册	第 97 页例 5	能从不同角度收集信息		
一年级上册	第 98 页例 6	逆向用加法解决的问题	画图	学生画图的方式可以是多样的，只要能反映出加法问题的结构即可
一年级下册	第 20 页例 5	求另一个加数	画图	出现多余条件
一年级下册	第 21 页例 6	比较两个数相差多少	画图（操作）	认识减法意义的一次拓展
一年级下册	第 46 页例 7	分一分	画图、数的组成、列算式	丰富学生解决问题的策略

（续表）

教材	页数	内容	策略	意图、建议
一年级下册	第58页例7	在钱数限定的条件下买需要的东西	罗列、尝试	重在展示思维过程，让学生了解解决问题的不同策略
一年级下册	第77页例4	同数连加	画图、列表	首次出现列表
一年级下册	第78页例5	减去相同的数	画图、列表	以箭头符号记录倒着连减的策略
一年级下册	第88页例5	利用规律解决问题		丰富学生解决问题的策略
二年级上册	第23页例4（一）	求比一个数多几的数是多少	画图	经历策略的形成过程
二年级上册	第24页例4（二）	求比一个数少几的数是多少	画图	灵活运用画图策略尝试解决问题
二年级上册	第32页例5	连续两问的问题		
二年级上册	第42页例6	用一副三角尺拼出一个钝角	操作	学会有理有序思考
二年级上册	第63页例7	根据四则运算的意义选择不同的运算解决问题	画图	具体问题转化成数学模型
二年级上册	第69页例3	从不同的角度观察学过的立体几何图形	推理	有序思考，培养空间观念和推理能力
二年级上册	第78页例3	有多余条件的	画图	突出画图策略分析数量关系，并用几个几表征出来
二年级上册	第84页例5	灵活运用所学的加减乘除解决问题	多种策略	理解解决问题的多种策略
二年级上册	第92页例3	判断时间顺序的事件	排除法	采取表述、书写、图示、画流程图等多种方式加以表达
二年级下册	第32页例4	剪出指定图形	操作	关注实践操作过程
二年级下册	第42页例3	用除法解决问题		
二年级下册	第53页例4	两步计算解决实际问题	画图	借助色条图分析数量之间的关系
二年级下册	第67页例5	有余数的除法	画图	用不同表征方式理解"进一"的道理
二年级下册	第68页例6	用有余数除法的知识解决与按规律排列有关的问题	画图	借助不同表征方式理解玉树与旗子颜色的关系
二年级下册	第96页例13	估算解决问题	估算	选择合适的估算方法
二年级下册	第104页例3	用一千克的质量作标准估出结果	估计	进一步培养估算能力
三年级上册	第5页例2	计算简单的经过时间	画图、数格子	引入数轴直观地表示时间

（续表）

教材	页数	内容	策略	意图、建议
三年级上册	第 15 页例 4	估算解决问题	估算	帮助学生理解估算策略和方法，选择估大或估小的策略解决问题
三年级上册	第 33 页例 9	与吨有关的实际问题	列表	有序地列出各种方案
三年级上册	第 43 页例 4	估算解决问题	估算、精算	解决问题时，有时需要估算，有时需要精算，体会估算与精算的区别和适用范围
三年级上册	第 51 页例 2	求一个数是另一个数的几倍	画图、列除法算式	体现解决问题方法的多样化
三年级上册	第 52 页例 3	求一个数的几倍是多少	画图	教学画线段图表示数量关系
三年级上册	第 70 页例 7	估算解决问题	估算、精算	加强对比归纳估算策略
三年级上册	第 71 页例 8	用乘除两步计算解决含有"归一"数量关系的实际问题	画示意图	体现数形结合分析数量关系的方法
三年级上册	第 72 页例 9	用乘除两步计算解决含有"归总"数量关系的实际问题	画线段图	由抽象的示意图改为更为抽象的线段图
三年级上册	第 86 页例 5	用 16 个边长是 1 分米的正方形可以拼成长方形或正方形	操作、画图	鼓励学生用不同的方式进行研究
三年级上册	第 101 页例 2	求一个数的几分之几的实际问题	画图	借助直观图进行分析
三年级下册	第 29 页例 8	用除数是一位数的除法估算解决问题	估算	估算解决问题策略的多样性
三年级下册	第 30 页例 9	灵活运用估算策略解决问题	估算	再次体会估算解决问题策略的多样性
三年级下册	第 52 页例 3	用乘法两步计算解决问题	解决问题策略多样化	理解解决问题的多种策略
三年级下册	第 53 页例 4	用除法两步计算解决问题	解决问题策略多样化	体现解决问题策略的多样性
三年级下册	第 72 页例 8	应用长、正方形面积计算知识解决简单的实际问题	示意图展示	用简单的示意图将信息和问题表示出来
三年级下册	第 84 页例 3	计算简单的经过时间	实物演示、图示、线段图作为分析问题的主要支撑	在理解原理的基础上掌握计算方法
三年级下册	第 97 页例 4	运用小数加、减法解决买东西时钱是否够用的问题		
四年级上册	第 60 页例 4	画垂线的实际应用	操作	积累解决问题的经验

（续表）

教材	页数	内容	策略	意图、建议
四年级下册	第10页例5	解决租船问题		总结解决这类问题的一般策略
四年级下册	第45页例3	利用小数点移动引起小数大小变化的规律解决实际问题		
四年级下册	第68页例7	运用探索三角形内角和的经验探索四边形内角和		经历观察、思考、推理、归纳的过程，培养学生的探究推理能力
四年级下册	第104页例1	鸡兔同笼（数学广角）	画图、列表、假设	在列表的过程中，发现和形成应用列表解决问题的简单策略
五年级上册	第15页例8	估算解决实际问题	估算、列表	当信息和数据比较多时借助表格整理
五年级上册	第16页例9	解决分段计费的实际问题	画图、列表	渗透函数思想
五年级上册	第39页例10	根据实际需要用"进一法"和"去尾法"取商的近似值		利用已有经验尝试解决问题
五年级上册	第79页例5	以两个物体相向运动为背景的实际问题		强调画线段图的作用
五年级上册	第100页例5	借助方格纸估计不规则图形的面积	估算	根据图形的特点转化为近似的规则图形
五年级下册	第15页例2	探索两数之和的奇偶性	举例、说理、图示	三种方法结合使用，不断丰富解决问题的策略
五年级下册	第39页例6	不规则物体的体积	倡导解决问题策略的多样化	不规则物体通过体积变形转化为规则图形，体会等积变形思想在解决问题中的应用
五年级下册	第50页例3	求一个数是另一个数的几分之几	转化	利用分数的意义以及分数和除法的关系解决问题
五年级下册	第62页例3	公因数、最大公因数在生活中的实际应用		画图理解图意
五年级下册	第70页例3	公倍数、最小公倍数在生活中的实际应用	画图验证	总结出此类问题的方法和策略
五年级下册	第87页例4	探索图形拼组的运动变化	操作	推理
五年级下册	第99页例3	喝牛奶问题		借助几何直观帮助分析数量关系
六年级上册	第13页例8	解决连续求一个数的几分之几是多少的实际问题	画图	体会画图是分析问题、解决问题的重要策略
六年级上册	第14页例9	解决求比一个数多（或少）几分之几的数是多少的问题	多样化的解题策略	借助线段图直观看到两个量之间的关系

（续表）

教材	页数	内容	策略	意图、建议
六年级上册	第37页例4	解决"已知一个数的几分之几是多少，求这个数"的实际问题		借助线段图找到数量关系
六年级上册	第38页例5	"求比一个数多（或少）几分之几的数是多少"的逆向问题	画图	突显数形结合思想
六年级上册	第41页例6	"和倍问题""差倍问题"		体验解题方法的多样化
六年级上册	第42页例7	通过"工程问题"找数量关系	估算、假设	把现实问题模型化
六年级上册	第54页例2	解决按比分配的实际问题	画图	重视直观模型的作用
六年级上册	第69页例3	解决圆的内接正方形、外切正方形与圆之间部分的面积这一实际问题		克服思维定式
六年级上册	第90页例5	解决求比一个数多（或少）百分之几的数是多少的问题	假设	经历猜测、假设、验证的过程
六年级下册	第5页例3	在数轴上表示正、负数		数学抽象能力和数形结合思想
六年级下册	第12页例5	解决生活中的"促销"问题	举例	加强数学的实践性
六年级下册	第27页例6	求不规则图形的体积	转化	实际问题和数学问题之间的转化
六年级下册	第61页例5	用正比例解决问题		
六年级下册	第62页例6	利用反比例的意义解决问题		

二、教材呈现的策略

1. 列表的策略

（1）课本呈现的素材

教材	页数	内容	策略	意图、建议
一年级下册	第77页例4	同数连加	画图、列表	首次出现列表
三年级上册	第33页例9	与吨有关的实际问题	列表	有序地列出各种方案
四年级下册	第104页例1	鸡兔同笼	画图、列表、假设	数学广角
五年级上册	第15页例8	估算解决实际问题	估算、列表	当信息和数据比较多时，借助表格整理
五年级上册	第16页例9	解决分段计费的实际问题	画图、列表	渗透函数思想

如一年级下册第 77 页例题 4，首次出现列表的策略。

例 4 是为了掌握解决问题的一般步骤，学习基本策略而编排的，主要意图是培养学生运用所学的策略解决问题。教材除了呈现通过画图理解解决的策略外，首次出现列表的方式。这一目的是在学习乘法之前，让学生用画图、加法或列表的策略解决问题，更好地帮助自己掌握问题的结构，丰富用同数连加的方法解决问题的经验，搭建由加法到乘法过渡的桥梁，便于学生今后更好地理解乘法的意义。

学生用列表的方式整理信息，可以清楚地反映学生有序思考的过程，有助于促进能力弱的学生理解问题，较好地掌握方法。

引导学生有序地列出各种方案，防止列出方案时产生遗漏和重复，培养学生有序思考的能力。

当信息和数据比较多时，借助表格整理可以使信息和数据更加清晰直观，能帮助我们更好地分析数量关系。

用估算的策略和方法解决问题，体会估算时要根据实际数据选择适当的估算策略。

（2）学生列表策略的应用举例

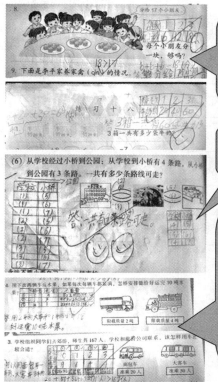

学生在列表的过程中经历了一个有计划、有思考、有顺序的数学操作活动。经过分析、综合、抽象、概括的思维活动，学生思维的条理性得到提高。我们可以明显地看出，学生的思维从无序思维向有序思维过渡了。

用估算的策略和方法解决问题，体会估算时要根据实际数据选择适当的估算策略。

学生的思维是由浅入深、由远到近的优化程序，是步步推进的。学生首先会考虑安排大车，根据大车的载重调整小车的辆数，大车的辆数从少到多，方法得当，思路清晰。我们可以看出学生的思维方式具有有序性，反映了一定的逻辑顺序。但是有序思维能力的培养不是一朝一夕就能完成的，必须渗透到我们的每一节课、每一个习题中，做到日积月累。只有这样，才能让学生从"无序"到"有序"，达到最终的教学效果。

2. 画图的策略

（1）课本呈现的素材

教材	页数	内容	策略	意图、建议
一年级上册	第79页例6	深化对数的大小、序数的理解，加深对基数和序数含义的理解	画示意图	理解"画示意图"是帮助理解题意的重要手段
一年级上册	第98页例6	逆向用加法解决的问题	画图	学生画图的方式可以是多样的，只要能反映出加法问题的结构即可
一年级下册	第20页例5	求另一个加数	画图	出现多余条件
一年级下册	第21页例6（45）	比较两个数相差多少	画图（操作）	认识减法意义的一次拓展
一年级下册	第46页例7（91）	分一分	画图、数的组成、列算式	丰富学生解决问题的策略
一年级下册	第78页例5	减去相同的数	画图、列表	以箭头符号记录倒着连减的策略
二年级上册	第23页例4（一）	求比一个数多几的数是多少	画图	经历策略的形成过程
二年级上册	第24页例4（二）	求比一个数少几的数是多少	画图	灵活运用画图策略尝试解决问题
二年级上册	第63页例7	根据四则运算的意义选择不同的运算解决问题	画图	利用摆学具或画图的方式，将两道题的条件和问题表示出来，使具体问题转化成数学模型
二年级上册	第78页例3	有多余条件的	画图	突出画图策略分析数量关系，并表征出来
二年级下册	第53页例4	两步计算解决实际问题	画图	借助色条图分析数量之间的关系
二年级下册	第67页例5	有余数的除法	画图	用不同表征方式理解"进一"的道理
二年级下册	第68页例6	用有余数除法的知识解决与按规律排列有关的问题	画图	借助不同表征方式理解玉树与旗子颜色的关系
三年级上册	第5页例2	计算简单的经过时间	画图、数格子	引入数轴直观地表示时间
三年级上册	第52页例3	求一个数的几倍是多少	画图	教学画线段图表示数量关系
五年级下册	第70页例3	公倍数、最小公倍数在生活中的实际应用	画图验证	总结出此类问题的方法和策略
六年级上册	第13页例8	解决连续求一个数的几分之几是多少的实际问题	画图	体会画图是分析问题、解决问题的重要策略
六年级上册	第38页例5	"求比一个数多（或少）几分之几的数是多少"的逆向问题	画图	突显数形结合思想
六年级上册	第54页例2	解决按比分配的实际问题	画图	重视直观模型的作用

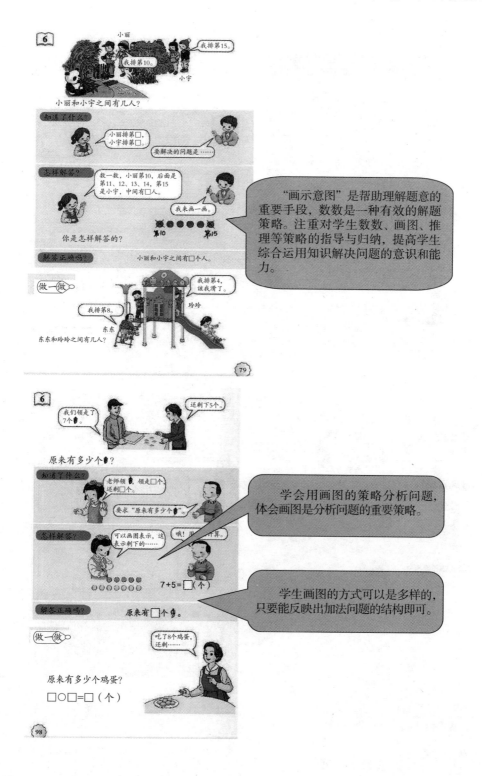

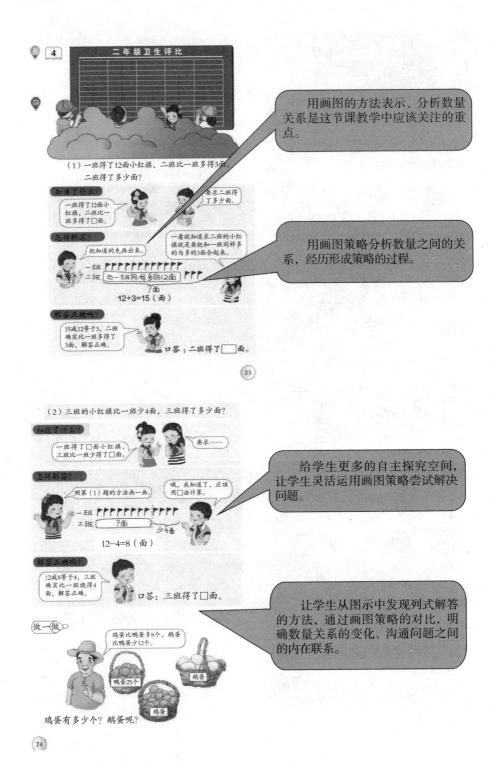

（1）一班得了12面小红旗，二班比一班得多得3面。二班得了多少面？

用画图的方法表示、分析数量关系是这节课教学中应该关注的重点。

用画图策略分析数量之间的关系，经历形成策略的过程。

12+3=15（面）

口答：二班得了 □ 面。

（2）三班的小红旗比一班少4面，三班得了多少面？

给学生更多的自主探究空间，让学生灵活运用画图策略尝试解决问题。

12-4=8（面）

口答：三班得了 □ 面。

让学生从图示中发现列式解答的方法，通过画图策略的对比，明确数量关系的变化、沟通问题之间的内在联系。

做一做

鸡蛋比鸭蛋多8个，鹅蛋比鸭蛋少12个。

鸭蛋25个

鸡蛋有多少个？鹅蛋呢？

教材呈现了学生用色条图表示信息和问题的方法，以更好地理解问题，也为后面学习用线段图表示信息和问题做好铺垫。

"做一做"进一步借助色条图分析数量之间的关系。

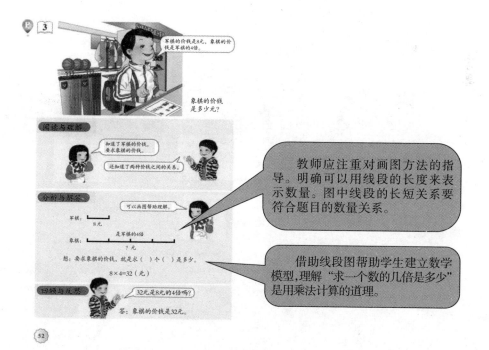

教师应注重对画图方法的指导。明确可以用线段的长度来表示数量。图中线段的长短关系要符合题目的数量关系。

借助线段图帮助学生建立数学模型，理解"求一个数的几倍是多少"是用乘法计算的道理。

127

（2）学生画图策略的应用举例

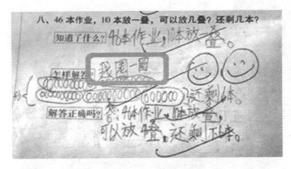

在"怎样解答？"环节，学生解决问题的方法是"我圈一圈"，把收集到的"46本作业本"这一信息用46个圈圈表示。

学生在画图的过程中发现"多余条件"，用打叉的方式表达自己舍弃图中不相干的因素。

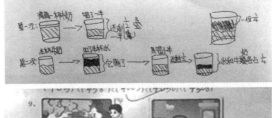

学生求近似数的时候，用线段帮助自己思考。

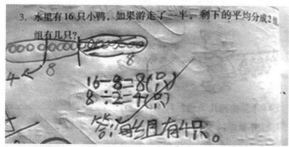

学生通过画图非常直观地显示题意：16 个圈圈代表 16 只小鸭，表示数量。其中 8 个圈圈打了叉表示游走的一半，使复杂的数学信息变得简明、形象、直观。

孩子用图将所模拟的情境画下来，光头小人表示男生，在两个男生之间画一个有辫子的小人表示女生。

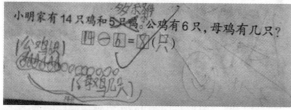

经历了观察分析、收集信息、处理信息等活动后，用图的方式明确了几个数量之间的关系：1. 公鸡母鸡总数 - 公鸡的只数 = 母鸡的只数；2. 上午的箱数 - 下午的箱数 = 多的箱数；3. 东东产蛋的个数 + 相差数 = 西西产蛋的个数。

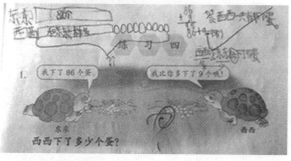

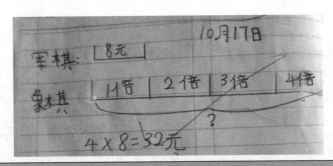

　　用线段的长度表示数量，而且表示出两种数量之间的倍数关系。图中，学生直观地展示了"一个数的几倍是多少"的数量关系，明确求"一个数的几倍是多少"就是求"几个几是多少"的问题。在此基础上，联系乘法的含义，展示求"一个数的几倍是多少"用乘法计算的过程。

　　总价相等这一数量关系，学生是用上下两条长度相等的线段来表示的，再通过把上下两条线段平均分成相应的份数。这种方法既能很好地表明总量一定的数量关系，也能体现单价与数量的关系，容易建立此类问题的数学模型，即"总量不变，需要先用乘法算出总量"的数学模型，加深对乘、除法数量关系的理解。

3. 枚举的策略

（1）课本呈现的素材

教材	页数	内容	策略	意图、建议
一年级下册	第58页例7（128）	在钱数限定的条件下买需要的东西	罗列、尝试	重在展示思维过程，让学生了解解决问题的不同策略
五年级下册	第15页例2	探索两数之和的奇偶性	举例、说理、图示	三种方法结合使用，不断丰富解决问题的策略
六年级下册	第12页例5	解决生活中的"促销"问题	举例	加强数学的实践性

　　这里主要让学生体验解决问题的一般过程，重点在解决问题策略的教学：罗列和尝试、调整策略。尝试和罗列是解决问题最基本的两种策略。这里重点教学调整的方法和罗列的有序性，指导学生有序思考，重在展示思维过程，让学生了解解决问题的不同策略。

（2）学生枚举策略的应用举例

> 　　尝试和罗列是解决问题最基本的两种策略，尝试——调整——有序罗列，学生用树形图表达解决问题的过程与结果。

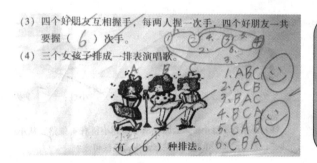

> 　　握手是生活中最常见的生活礼仪，学生虽熟悉，但并不了解其背后的数学内涵。学生通过画一画、排一排，可以进行简单的、有条理的思考，明白有序思考、全面思考问题的重要性。

4. 估算的策略

课本呈现的素材

年级	页数	内容	策略	意图、建议
二年级下册	第96页例13	估算解决问题	估算	选择合适的估算方法
二年级下册	第104页例3	用一千克的质量作标准估出结果	估计	进一步培养估算能力
三年级上册	第15页例4	估算解决问题	估算	帮助学生理解估算策略和方法，选择估大或估小的策略解决问题
三年级上册	第43页例4	估算解决问题	估算、精算	解决问题时，有时需要估算，有时需要精算，理解估算与精算的区别和适用范围
三年级上册	第70页例7	估算解决问题	估算、精算	加强对比归纳估算策略
三年级下册	第29页例8	用除数是一位数的除法估算解决问题	估算	估算解决问题策略的多样性
三年级下册	第30页例9	灵活运用估算策略解决问题	估算	再次体会估算解决问题策略的多样性
五年级上册	第100页例5	借助方格纸估计不规则图形的面积	估算	根据图形的特点转化为近似的规则图形

2.

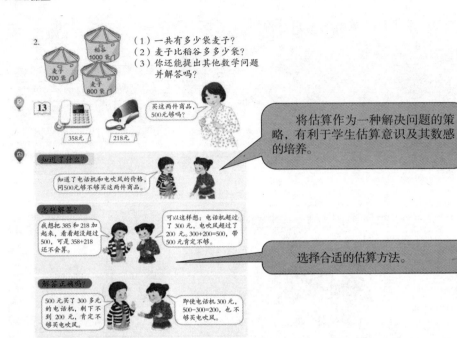

（1）一共有多少袋麦子？
（2）麦子比稻谷多多少袋？
（3）你还能提出其他数学问题并解答吗？

稻谷 1000 袋
麦子 700 袋
麦子 800 袋

13

358元　218元

买这两件商品，500元够吗？

将估算作为一种解决问题的策略，有利于学生估算意识及其数感的培养。

知道了什么？

知道了电话机和电吹风的价格，问500元够不够买这两件商品。

怎样解答？

我想把385和218加起来，看看超没超过500，可是358+218还不会算。

可以这样想：电话机超过了300元，电吹风超过了200元。300+200=500，带500元肯定不够。

选择合适的估算方法。

解答正确吗？

500元买了300多元的电话机，剩下不到200元，肯定不够买电吹风。

即使电话机300元，500−300=200，也不够买电吹风。

想一想：带700元够吗？

96

3　王奶奶摘了20个苹果，估计一下大约重多少千克。

知道了什么？

知道王奶奶……

让我们估计这些苹果有多重。

怎样解答？

苹果有大有小，要根据大小来估计。

一般大的4个1千克，中等个儿的5个1千克。

两个学生的对话，突出了估计的方法。

如果4个苹果重1千克，这些苹果重（　）千克。
20÷4=□（千克）
如果5个苹果重1千克，这些苹果重（　）千克。
20÷5=□（千克）

通过实际确定所选标准是否合适，对结果的合理性进行判断，再次突出了估计的方法。

解答正确吗？

称一下，看有没有4、5个重1千克的苹果。

口答：如果□个苹果重1千克，这些苹果大约重□千克。

做一做

估计24个梨大约重多少千克。

104

（1）收银员应收多少钱？
（2）小红的爸爸应该准备多少钱？

阅读与理解 问题是什么？需要利用哪些信息？

分析与解答

收银员收钱要准确，要精确计算。

准备多少钱才够，不用精确计算，估一估就行。

558+225+166=949（元）

```
    5 5 8
    2 2 5
+   1 6 6
─────────
    9 4 9
```

560+230+170
=560+400
=960（元）

回顾与反思 解决实际问题时，要认真分析具体情况，再灵活选择解决的策略。

答：＿＿＿＿＿＿＿

请你在生活中发现并提出一些数学问题，选择合适的计算策略并解决它们。

43

在讨论的基础上逐步明晰，体会解决问题时，有时需要估算，有时需要精算。

使学生理解估算与精算的区别和适用范围，以及根据需要灵活选择计算策略的必要性。

三（1）班有29人参观，带250元买门票够吗？

阅读与理解

知道了门票的价格和参观的人数。

要求250元买门票够不够。

分析与解答

我直接算29×8

29接近30，可以估一估29×8大约得多少。

29×8≈240（元）
∴
接近30 约等号

30×8=240，29×8＜240，所以250元钱够了。

回顾与反思

有30人买门票只需240元，所以29人买门票250元肯定够了。

答：带250元买门票够了。

想一想：如果92人参观，带700元买门票够吗？800元够吗？

使学生学会用不等式的形式进行估算的策略，理解估算的价值，掌握用估算解决问题的基本策略（往大估，往小估），并根据具体情境灵活运用。

让学生在大量估算活动经验的基础上，总结估算策略；根据实际情境的需要，利用不等式的形式，将数据往大估或者往小估，以进行推理判断。

做一做

王伯伯家一共摘了180千克苹果。一个箱子最多能装32千克，6个箱子能装下这些苹果吗？

70

5. 转化的策略

课本呈现的素材

教材	页数	内容	策略	意图、建议
五年级下册	第50页例3	求一个数是另一个数的几分之几	转化	利用分数的意义以及分数和除法的关系解决问题
六年级下册	第27页例6	求不规则图形的体积	转化	实际问题和数学问题之间的转化

"7 只是 10 只的几分之几"就是把鸭子的只数看作一个整体，平均分成 10 份，每份 1 只就是整体的十分之一，7 只就是整体的十分之七。根据分数和除法的关系，分子相当于被除数，分母相当于除数，所以十分之七就相当于 7÷10。

你还能提出其他数学问题并解答吗？

1. 在下面的括号里填上适当的数。

$$7÷13=\frac{(\ )}{(\ )}\qquad \frac{5}{8}=(\ )÷(\ )\qquad (\ )÷7=\frac{4}{7}$$

2. 动物园里有大象9头，金丝猴4只。金丝猴的数量是大象的几分之几？

50

6. 假设的策略

课本呈现的素材

教材	页数	内容	策略	意图、建议
六年级上册	第42页例7	通过"工程问题"找数量关系	估算、假设	把现实问题模型化
六年级上册	第90页例5	解决求比一个数多（或少）百分之几的数是多少的问题	假设	经历猜测、假设、验证的过程

通过假设，把抽象的问题具体化，使复杂的数量关系明显化、简单化。通过此类问题的解决，经历把现实问题模型化的过程。

做一做

如果两辆车一起运，多少次能运完这批货物？

43

经历猜测、假设、验证的过程。

90

做一做

1. 龙泉镇去年有小学生2800人，今年比去年减少了0.5%。今年有小学生多少人？

2. 为了缓解交通拥挤的状况，某市正在进行道路拓宽。围结路的路宽由原来的12m增加到25m，拓宽了百分之几？

3. 某电视机厂计划某种型号的电视机比去年增产50%，实际又比计划的产量多生产了10%。此型号的电视机今年的实际产量是去年的百分之多少？

91

135

7. 操作的策略。

（1）课本呈现的素材

教材	页数	内容	策略	意图、建议
二年级上册	第42页例6	用一副三角尺拼出一个钝角	操作	学会有理有序思考
二年级下册	第32页例4	剪出指定图形	操作	关注实践操作过程
四年级上册	第60页例4	画垂线的实际应用	操作	积累解决问题的经验
五年级下册	第87页例4	用七巧板拼出一个小鱼图案，探索图形拼组的运动变化	操作	推理

教材提供了画图（或操作）的策略，借此帮助学生理解要解决的问题中的数量关系。说明"比多少"问题与原来所认识的减法模型之间的关系，从而获得解决"比多少"的数学问题的思维方法，理解用减法计算的道理。

分一分、圈一圈的活动，丰富学生解决问题的策略，让其体会解决问题的策略的多样性。可以画图，可以用数的组成来解决，也可以数数，还可以列算式解决。

6 用一副三角尺拼出一个钝角。

提供两种操作策略：1. 直接拼；2. 根据直角和钝角的关系拼。体现有理、有序的思考。

做一做

从两副三角尺中选出两个，拼出锐角、直角和钝角。

㊷

4 你能剪出像右面这样手拉手的4个小人吗？

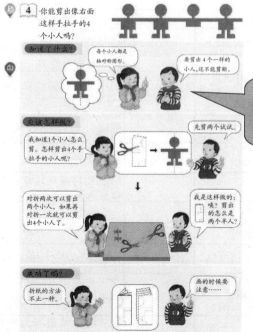

以操作的方式探索折纸方法、画图方法。关注实践操作过程，培养学生的反思能力与调整能力。

㉜

137

（2）学生操作策略的应用举例

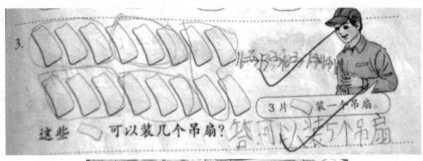

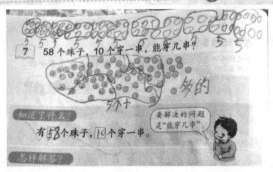

8. 其他策略

课本呈现的素材

教材	页数	内容	策略	意图、建议
四年级下册	第68页例7	运用探索三角形内角和的经验探索四边形内角和		经历观察、思考、推理、归纳的过程，培养学生的探究推理能力
五年级上册	第39页例10	根据实际需要用"进一法"和"去尾法"取商的近似值		利用已有经验尝试解决问题
五年级上册	第79页例5	以两个物体相向运动为背景的实际问题		强调画线段图的作用
五年级下册	第62页例3	公因数、最大公因数在生活中的实际应用		画图理解图意
五年级下册	第99页例3	喝牛奶问题		借助几何直观帮助分析数量关系
六年级上册	第37页例4	解决"已知一个数的几分之几是多少，求这个数"的实际问题		借助线段图找到数量关系
六年级上册	第41页例6	"和倍问题""差倍问题"		体验解题方法的多样化
六年级上册	第69页例3	解决圆的内接正方形、外切正方形与圆之间部分的面积这一实际问题		克服思维定式
六年级下册	第5页例3	在数轴上表示正、负数		培养数学抽象能力和数形结合思想

按时间顺序理顺 3 个相关的事件，再看备选答案中哪个时间合适，在综合考虑已知信息的基础上，采用排除法的方式确定答案。

9. 策略的综合运用

（1）课本呈现的素材

教材	页数	内容	策略	意图、建议
二年级上册	第 84 页例 5	灵活运用所学的加减乘除解决问题	多种策略	理解解决问题的多种策略
三年级下册	第 52 页例 3	用乘法两步计算解决问题	解决问题策略多样化	借助画图帮助学生建立数学模型
三年级下册	第 53 页例 4	用除法两步计算解决问题	解决问题策略多样化	寻找解决问题的一两种方法，体现解决问题策略的多样性
三年级下册	第 84 页例 3	计算简单的经过时间	实物演示、图示、线段图作为分析问题的主要支撑	在理解原理的基础上掌握计算方法
三年级下册	第 97 页例 4	运用小数加、减法解决买东西时钱是否够用的问题		
四年级下册	第 10 页例 5	解决租船问题		总结解决这类问题的一般策略
五年级下册	第 39 页例 6	不规则物体的体积	倡导解决问题策略的多样化	不规则物体通过体积变形转化为规则图形，使学生学会运用等积变形思想解决问题
六年级上册	第 14 页例 9	解决求比一个数多（或少）几分之几的数是多少的问题	多样化的解题策略	借助线段图表示两个量之间的关系

139

现实生活中还有很多像橡皮泥、梨、石块等形状不规则的物体，怎样求得它们的体积呢？

6 设法求出下面两种物体的体积。

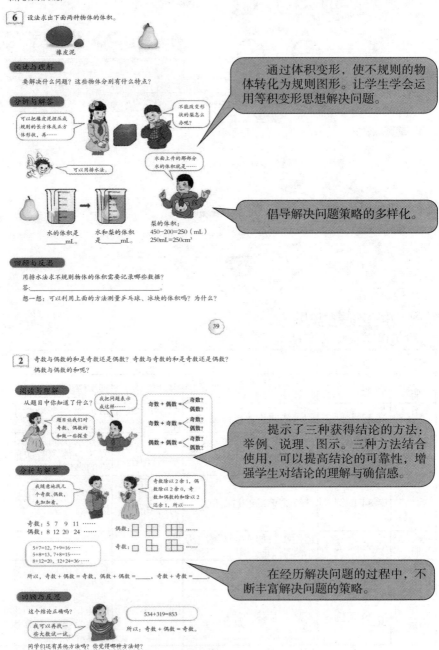

橡皮泥

阅读与理解

要解决什么问题？这些物体分别有什么特点？

分析与解答

可以把橡皮泥捏压成规则的长方体或正方体形状，再……

不能改变形状的梨怎么办呢？

可以用排水法。

水面上升的那部分水的体积就是。

水的体积是 _____ mL。

水和梨的体积是 _____ mL。

梨的体积：
450−200=250（mL）
250mL=250cm³

> 通过体积变形，使不规则的物体转化为规则图形。让学生学会运用等积变形思想解决问题。

> 倡导解决问题策略的多样化。

回顾与反思

用排水法求不规则物体的体积需要记录哪些数据？
答：

想一想：可以利用上面的方法测量乒乓球、冰块的体积吗？为什么？

㊲

2 奇数与偶数的和是奇数还是偶数？奇数与奇数的和是奇数还是偶数？偶数与偶数的和呢？

阅读与理解

从题目中你知道了什么？

我把问题表示成这样：

题目让我们对奇数、偶数的和做一些探索。

奇数 + 偶数 = 奇数？
偶数？

奇数 + 奇数 = 奇数？
偶数？

偶数 + 偶数 = 奇数？
偶数？

> 提示了三种获得结论的方法：举例、说理、图示。三种方法结合使用，可以提高结论的可靠性，增强学生对结论的理解与确信感。

分析与解答

我随意地找几个奇数、偶数，先加加看。

奇数除以2余1，偶数除以2余0，奇数加偶数的和除以2还余1，所以……

奇数：5 7 9 11 ……
偶数：8 12 20 24 ……

偶数：

奇数：

5+7=12，7+9=16……
5+8=13，7+8=15……
8+12=20，12+24=36……

所以，奇数 + 偶数 = 奇数，偶数 + 偶数 = _____，奇数 + 奇数 = _____。

> 在经历解决问题的过程中，不断丰富解决问题的策略。

回顾与反思

这个结论正确吗？

我可以再找一些大数试一试。

534+319=853

所以：奇数 + 偶数 = 奇数

同学们还有其他方法吗？你觉得哪种方法好？

⑮

（2）学生综合应用策略举例

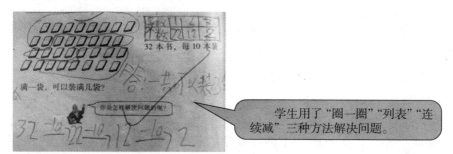

学生用了"圈一圈""列表""连续减"三种方法解决问题。

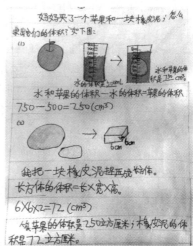

三、关于解决问题教学策略的启示

	一上	一下	二上	二下	三上	三下	四上	四下	五上	五下	六上	六下	合计
列表		1			1			1	2				5
画图	2	4	4	3	6					1	3		23
枚举		1							1			1	3
转化										1		1	2
假设										2			2
操作			1	1			1			1			4
估算				2	3	2		1					8
其他		1	1		1								3
综合			1			4		1		1	1		8

启示一：重视图示的功能

十二册的小学数学教材，共有 58 个解决问题的例题，23 个例题提出运用画图策略解决问题，占 39.66%。由此看出，画图策略是小学阶段解决问题策略中最基本的、最重要的策略。

由于小学生的思维水平正处于具体运算向形式运算过渡的阶段，离不开具体事物的支持，而"图"正是帮助学生理解题意的重要手段。借助"图"，学生把抽象问题具体化、直观化，从而从图中理解题意和分析数量关系，形成解题的思路，建立数学模型。

启示二：重视数感的培养

修订后的教材估算的内容和结构有了很大的调整，估算不仅由原来的二年级后移至三年级，而且改变了估算教学的载体。运用估算策略解决问题占十二册教材中解决问题的 13.8%，教材将估算当作解决问题的一个有效策略，内容有计算、测量（长度、质量、时间）、不规则图形面积的估算等，让学生体会学习估算的必要性。

启示三：重视策略的综合运用

从上表中看出，为了将"四能"落到实处，解决问题的策略渗透在全套教材的各个领域。探索过程形式多样，解决问题策略多种，学生或动手操作，或列表分析，或画图表征数量关系，体会解决问题有不同的思路、不同的方法。

其实解决问题的策略对于其如何分类并不重要，重要的是要理解策略的本质。学习解决问题的策略，不仅要关注解决问题的结果，还要关注解决问题的过程，尤其要重视学生的思维发展。在解决问题的过程中，学生要不断地内化、领悟才能逐步提高自己解决问题的能力。此外，教师还要加强对学生的指导，促使学生积极探索，学会综合运用已有的数学知识发现问题、分析问题，从而更好地解决问题。

浅谈小学数学的"解决问题"该关注什么
——"取商近似值"引发的思考

在传统的数学教材中，应用题是小学数学除"数与计算"外的第二大部分内容，2001 年的《全日制义务教育数学课程标准（实验稿）》不再单独设"应用题"教学单元，不再出现"应用题"这一名称，甚至很少相对集中地编排纯应用题内容，而是将"解决问题"作为四个总体目标之一，让数学的应用从"题"中走出来，突出数学与生活的联系，对数学的教育目的做了新的定位和阐释。传统的"应用题"变为新课程理念下的"解决问题"，它们的内涵以及所承载的课程目标必定有所区别。那么新课程理念下的"解决问题"教学到底需要关注什么？

现以人教版《义务教育课程标准实验教科书·数学》五年级上册第 33 页例 12 为例，我谈谈自己的思考。

一、领会教材的编写意图

课标教材与传统教材相比，在素材选取、呈现形式、编排体系等方面均发生了较大的变化。吃透教材，领会教材中"解决问题"的编排意图，是有效实施"解决问题"教学的重要前提。

本课的编写意图：例 12 是根据实际需要用"进一法"和"去尾法"取商的近似值，教材分别安排了两小题进行教学。第（1）题，将 2.5 千克香油分装在能盛 0.4 千克的瓶子里，求需要多少个瓶子。计算结果是 6.25 个，按"四舍五入法"取近似值，需要 6 个瓶子，但 6 个瓶子只能装 2.4 千克，剩下的 0.1 千克还需要 1 个瓶子，所以需要 7 个瓶子，这里就要用"进一法"将 6.25 中的小数点后面的尾数舍去，向个位进 1，变成 7。而第（2）题，求红丝带可以包装几个礼盒，则要用"去尾法"，将 16.666……中小数点后面的尾数去掉，得近似值 16。最后，教材强调"在解决实际问题时，要根据实际情况取商的近似值"。

这个教学内容仅有简单的两个例题，如果教学停留在完成书上的内容是完全不够的。本课将"数的运算"赋予一定的现实背景，让学生置身于实际问题之中，学生在解决简单的实际问题的过程中，探究了计算的有关知识，明白了学习"数的运算"的必要性和其工具性的本质。根据教材的编写特点，教师的教学要突出以下三点：

1.突出数学性。为什么要"进一",为什么要"去尾"？这是因为整数的性质决定了不可能有 0.2 个人、0.3 个碗。三年级上册学习了"余数的除法",学生对于根据实际情况取值并不陌生。所不同的是,这里出现的结果是小数,而需要准备的瓶子和包装的礼品盒必须是整数,因此要取这些计算结果的近似值,不能机械地使用"四舍五入法",要根据具体情况确定是"舍"还是"入"。

2.突出具体问题具体分析。本课不仅仅是为了学习"进一法"和"去尾法","进一法""去尾法"也并不是解决问题的方法,重点是教会学生运用已有的生活经验,运用学过的数学知识去解决问题。

3.突出解决问题涉及的几个要素:(1)要让学生碰到真实的问题;(2)要让学生想办法解决这个问题;(3)学生解决问题以后要有一点收获,要有一点体会。

二、关注生活经验的提取

在以往的小学数学教学中,教师过于重视数学知识的教学,而很少关注这些数学知识与学生的实际生活的联系。新课程标准明确指出,要重视从学生的生活实践经验和已有的知识中让学生学习数学和理解数学。这就要求教师要结合实际设计富有情趣和意义的活动,创设良好的教学情境,使学生切实体验到身边有数学,用数学可以解决生活中的实际问题,进而对数学产生亲切感,增强学生对数学知识的应用意识,培养学生自主创新解决问题的能力。

由于每个学生都有各自不同的知识体验和生活积累,在解决问题的过程中,每个人都会有自己对问题的理解,并在此基础上形成自己解决问题的策略。因此,首先我们让学生回顾有没有类似的经验,唤起学生的回忆,提取已有的生活经验。

画一画:

15 个同学在公园租船游湖,每条船限坐 6 人,至少要租几条船？

○○○○○○○○○○○○○○○

15 个同学参加拔河比赛,要求每 6 人为一组,最多可以分几组？

△△△△△△△△△△△△△△△

其实,对于"进一"和"去尾",学生在生活中都有经验,但这个经验可能是形象的,而未经抽象概括的。课始,首先让学生解决两个问题,借助具体形象的操作"圈一圈",唤起学生的回忆,帮助学生思考对"剩下部分的处理",即剩下的 3 个同学还要多租一条船。学生经过自己的操作,通过举例和画图来解释,很容易把这个多租一条船的原理讲清楚。

学生真实地体验解决问题的具体过程后过渡到"算一算",进入抽象的思维当中,进而关注到 2.5 这个结果。为什么在题目没有要求的情况下要把结果保留整数？让学生利用自己的经验去解释它，把这个"进一"和"去尾"的原理讲清楚，感受取整的过程和"去尾"的实际意义。

　　这两个问题的本质，就是通过操作让学生借助生活经验，思考多余的该怎么处理。不管是计算也好，操作也好，碰到后面有余数的时候，要让学生运用经验去处理余数，借此实现思维由具体到抽象的转变。

三、重视生活经验的提升

　　数学学习的最终目的是让学生学会运用所学的知识解决生活中的问题，让学生在面对实际问题时，能主动尝试从数学的角度寻求解决问题的策略，从而促进学生问题解决意识的提高。

　　第一环节是图像加操作，属于初步对数学问题进行感知，或在较直观的层面上产生印象和经验。但这是不够的，最重要的是要使学生了解所学习的知识具体有什么用处，并学会灵活运用。所以，第二环节进入抽象阶段。

　　题组一：

　　（1）学校组织470名同学去秋游，需要按人数租车，每辆车限坐50人，至少要租几辆车？

　　（2）从副食店买来2.5千克酱油，需要分装在一些玻璃瓶里，每个瓶最多可装0.4千克，至少需要准备几个瓶？

　　题组二：

　　（1）张老师带100元为学校图书室买新词典，每本8元，他最多可以买回几本词典？

　　（2）李阿姨用一根15.6米长的红丝带包装礼盒，每个礼盒要用2米长的丝带，这根红丝带最多可以包装几个礼盒？

　　让学生接触不同情境、不同数据的同类问题，体会学习解决问题的方法的现实意义。教师要引导学生去说理、去解释，设法把第一环节得到的经验或理解转变成抽象的文字概括，使学生明确此类问题的特点是结果必须是整数，而保留整数的方法要根据题意决定，有的要"进一"，有的要"去尾"。

　　第二环节的运用后，第三个环节就要回到现实生活，体现学以致用，解决最真实的问题。教师要有意识地把日常生活中的问题数学化，使学生在我们的引导下，逐步具备在日常生活中运用数学的"本领"，使他们认识到"数学是生活的组成部分，生活处处离不开数学"。

　　（1）亚运会快开幕了，广州的小朋友们准备画一幅长10米的画卷欢庆亚运，老师安排每个小朋友负责画0.8米，12个小朋友够吗？

　　（2）一台电梯限载重量是1050千克，如果平均一个成年人的体重是60千克，一次最多可乘坐几个成年人？

（3）中秋节快到了，商场举行汽水优惠活动。简老师花了 22.5 元买了一打（12 瓶）汽水，平均每瓶多少钱？

学生通过第一环节回顾已有的经验，再通过这一类问题，把这种经验升华，现在学了数学运用以后，把以前的生活经验进行提炼，形成一种策略去解决问题。要让学生知道不能硬性地停留在"进一"和"去尾"的范围内，明确解决问题的策略应该是具体情况具体分析。

解决问题不仅要考虑列式计算是否正确，还要考虑学生通过解决问题的数学活动掌握方法，形成策略。也就是从会想走向会用，会做、会想、会用，学生的思考能力才能有所提高。课标教材认为，发展学生的数学应用意识在某种意义上讲比学会解题更为重要。因此，真正意义上的"解决问题"是让学生解决日常生活场景中的实际问题，对具体问题进行具体分析。综合运用所学知识和经验、技能解决问题才是解决问题的核心，才是学习数学的价值所在。

"画图"让解决问题更有效

　　画图是理解与解决问题的重要策略，将抽象的文字用直观的图示表示出来，是对数学问题的提炼和概括，既反映出学生对问题的理解程度，也便于学生清楚地看出条件与条件之间、条件与问题之间的联系。二年级的学生年龄小，抽象思维水平不高，而画图比较直观。学生通过画图能够把一些抽象的数学问题具体化，把一些复杂的问题简单化，容易找到解决问题的关键。

　　画图表征指的是信息以画图的方式在头脑中呈现。用画图的方法可以把复杂的问题以简单、直观的方式呈现，便于解决问题。下面，我将结合自己在二年级下册"用有余数除法知识解决问题"中的教学实践谈谈我对"画图"的思考。

一、画图表征把生活经验转化为数学经验

　　已有研究表明，数学知识的有效学习常常建立在数学活动经验的基础上，学生在日常生活中会遇到许多数学知识，积累了一些关于原始的、初步的数学经验。这些经验可能是模糊的，有些甚至是错误的。所以，我们有必要对学生的生活经验进行数学化。

　　如小学数学二年级下册67页，本课的素材"坐船"经常出现在学生的生活中，但对于学生来说，这就是一种生活现象，并没有引起足够的重视和密切的关注。通过画图表征的方式，学生置身于学习新知的相关生活情境中，将这种生活经验变成数学资源，自然地实现生活到数学的转化。而在这个自主体验的过程中，学生可以获得数学的基本活动经验，逐步学会数学的思想方法和解决问题的数学手段。

　　如理解"每条船最多坐4人"，让学生经历数学对接生活的过程，教师提出问题：

　　1.（出示小船图）你划过船吗？坐船要注意什么？

　　2.从图中你能找到什么数学信息？

　　3.现在一共有20个人，你打算怎么安排租船？请在图中圈一圈。

每条船最多坐4人

图的呈现唤起了学生的生活经验：每条船不能超过 4 个人，表示船上可以坐 1 个人，可以坐 2 个人，也可以坐 3 个人或 4 个人。租船的方式可以不同，可以租 20 条船，也可以租 10 条船，或者租 6 条、5 条船……再评价各种不同的安排方式，得出结论：只要每条船不超过 4 个人均可。

又如理解"至少租几条船"，把生活经验转化为数学经验。教师出示问题：

1. 每条船最多坐 4 人，一共有 20 人，至少要租几条船？

2. 以上几种情况，哪种情况符合"至少租几条船"？为什么？

每条船最多坐 4 人，20 人至少要租几条船？

3. 请用算式来表示这一安排的过程。

于是学生能明确：只有租 5 条船的符合。因为租 6 条船就不是"至少"，而少于 5 条船就不能坐下 20 人。每条船坐 4 人，租 5 条船，刚好坐 20 人，没有剩下一人，所以至少要租 5 条船。其实也就是求 20 里面有几个 4，可以用除法解决问题。这里，从画画过渡到用除法，实现了生活经验到数学经验的转化。

又如辨析处理余数，实现生活经验的"数学化"。

（1）有 45 条鱼，每个鱼缸里放 6 条，至少需要几个鱼缸？

（2）儿童读物每本 4 元，23 元最多可以买几本？

（3）有 29 片电扇叶，每台电扇装 3 片。这些电扇叶最多能够装几台电扇？

（4）我们班有 40 人，6 个人一张桌子，至少
需要几张桌子？

教师提出：对比以上 4 题，为什么有的要多算，有的不用多算？

通过题组辨析，明确"最多"的意思不同，对余数的处理也是不一样的。第（1）题剩下的 3 条鱼需要多用一个鱼缸，所以要在原有的鱼缸数上加 1，和例 5 类似。第（2）题剩下的 3 元钱不能够再买一本书，应把剩下的钱舍去不予考虑，和生活中的经验一致。在做这四道题时，学生要对题意充分理解，把握关键词并综合运用已有经验确定答案。学生要在辨析中体会不同情境中"最多""至少"的含义，加深对有余数除法含义的理解，具体问题具体分析，采用不同的方法确定答案。

而不同语境中，"最多""至少"的含义可能是不相同的。教师要培养学生认真审题的习惯，避免形成思维定式。审题是解决问题的基础和先导，只有在细致审题、理解题意的基础上，才能正确地分析数量关系。在此，对"最多"和"至少"的理解是解决问题的前提，而学生"坐船"的经验，为理解"最多"和"至少"提供了很大的方便。

二、用图想事、借图促思、据图说理实现多元表征的统一

布鲁纳的多元表征理论表明，对数学概念的理解有多种方式，多种方式之间建立起联系，才能深化对概念的理解。例如用不同表征方式理解"进一法"的运用。

教师出示教材第 67 页例 5：22 个学生去划船，每条船最多坐 4 人。他们至少要租多少条船？之后提出问题：

1. 与刚才租船情况相比，找出相同和不同的地方。

2. 你打算怎么安排租船？请你解决。

针对第二个问题，学生的方法有多种：

方法①：（画图）要租 6 条船。因为剩下 2 人也要多租一条船。

方法②：（减法）22-4-4-4-4-4=2（人），得出结果，需要租 6 条船。

方法③：（迁移）刚才 20 人至少要租 5 条船，多 2 人也要一条船，所以总共要租 6 条船。

方法④：（数数）4、4、4、4、4、2，总共要租 6 条船。

方法⑤：（除法）22÷4=5（条）……2（人），要租6条船。

…………

最后得出结论：解决问题要注意考虑实际情况，即使坐不满，剩余的人也要再租一条船，这样才能满足让22个学生都去划船的要求。

这里，学生用不同的形式表征租船。1.用图表示：○○○○　○○○○　○○○○　○○○○　○○○○　○○，总共要租5+1=6条船。2.用符号表示：4、4、4、4、4、2，总共要租5+1=6条船。3.用竖式表示。4.语言表征。学生借助不同的表征，说清楚每个数的含义以及租6条船的道理。

如果直接用数学式子来表达，学生通常只会做题却不懂数学。本课若仅通过算式判断是否"进一"是很难的，因为小学生的思维发展离不开具体事物的支撑。而利用图画"安排坐船"，再通过说的活动，用语言表示自己的操作过程、描述如何安排坐船，说明多租一条船的道理，正好凭借其直观的特点将抽象的数学语言与形象的图形语言有机结合起来，将抽象思维与形象思维结合起来，使复杂的数学问题变得简明、形象，有利于学生思考、探索。

学生获得直观经验后，再写出相应的算式，让学生说说算式表示的意思，最后又利用这个图画去解释"进一"。学生经历动作表征、语言表征到符号表征的过程，实现了多种表征方式的相互转化，这种由具体到抽象的过程极符合儿童认知发展的规律。

三、运用画图表征解决问题的策略是学生的基本能力

有学者通过教学研究，将学生的表达方式划分为三个层次——实物及图形表达、数学表达、特殊表达，并指出实物及图形表达方式是每个学生必须掌握的基本知识。

借助画图表征，可以化抽象为直观，所以画图的策略十分适合低年级小学生的思维特点与认知心理特点。本课通过第一个环节分20个人、第二个环节分22个圆圈，使"进一"由直观表象转化为有形的图式，使学生明白画图是一种重要的学习方法，进而在用图解释算式的过程中感受画图的价值，体验策略的运用，培养主动选择画图策略解决问题的意识、基本能力和习惯。

因此，教师应引导学生在读懂题意的基础上，鼓励学生用直观图将题目中的问题和条件表示出来，使实际问题抽象为数学问题，达到明晰数量关系、促进问题解决的目的。

用图想事　借图促思　据图说理
——二年级"解决问题"教学案例

　　"图"是理解与解决问题的重要策略，将抽象的文字用直观的图表示出来，既反映出学生对问题的理解程度，也便于学生清楚地看出条件与条件之间、条件与问题之间的联系，并通过数量之间关系的分析习得解决问题的方法。二年级的学生年龄小，抽象思维水平不高，但通过"图"能够把一些抽象的数学问题具体化，把一些复杂的问题简单化，容易找到解决问题的关键。下面，我将结合自己在人教版小学数学二年级下册第67页例5"用有余数除法知识解决问题"的教学实践谈谈我的思考。

一、第一次课堂实施

1. 理解"最多"和"至少"

　　师：20个学生去划船，每条船最多坐4人。他们至少要租多少条船？

最多坐4人

　　师："最多坐4人"是什么意思？

　　生：船上最多可以坐4个人，不能超过4个人。

　　师："至少"是什么意思。

　　生：最少租几条船。

　　师：你能独立解决问题吗？

　　生：20÷4=5（条）

　　师：请用算式来表示这一安排的过程。

　　生：20÷4=5（条）

　　师：为什么用除法计算？

　　生：其实就是把20个人，每4个人分一份，所以用除法计算。

　　小结：每条船坐4人，租5条船，刚好坐20人，没有剩下一人，所以至少要租5条船。

2. 处理余数

　　师：22个学生去划船，每条船最多坐4人。他们至少要租多少条船？与刚才那道题目相比，它们有什么相同和不同的地方。

　　生：前面是20人，现在是22人。还是用除法计算。

师：你能独立解决问题吗？

生：20÷4=5（条）……2（人）需要5条船。

师：赞成的请举手。（全班43人，有31人举手。）

思考一：学生怎样才算真正理解"最多""至少"？

在此，对"最多"和"至少"的理解，是解决问题的前提。学生"坐船"的经验，为学生理解"最多"和"至少"提供了很大的方便。教师直接提出问题，引起学生对这两个关键词的关注。学生能说出"船上最多可以坐4个人，不能超过4个人"，但这并不说明学生理解了题意。因此，对"最多"和"至少"的理解要分两步解决，首先让学生学会把握关键词，培养良好的审题习惯与理解问题的能力。其次，二年级孩子读题能力弱，课堂上常常依赖老师读题、解释，"最多"和"至少"比较抽象，把它们具体化、直观化，则可帮助学生理清思路。

思考二：怎样让学生将数学对接生活，把生活经验转化为数学经验？

数学知识的有效学习常常建立在数学活动经验的基础上，学生日常生活中已经学到许多数学知识，积累了一些关于数学的原始的、初步的经验。本课的素材"坐船"经常出现在学生的生活中，但对于他们来说，这只是一种生活现象，并不会引起足够的重视和密切的关注。因此，第一步通过画图表征的方式，安排20人、22人坐船，将学生置身于学习新知识的相关的生活情境中，将这种生活经验变成数学资源；第二步把这个分的过程转化成符号、算式，让学生自然地实现生活到数学的转化。而这个自主体验的过程，会使学生获得数学的基本活动经验，逐步学会从数学的角度去思考、解决问题。

思考三：学生能列出除法的算式，就代表会解释余数、处理余数？

从上面的情况看，43人中有31人认为至少需要5条船，我们知道直接用数学式子来表示虽然没错，但学生却只会做题而不懂数学，这说明仅通过算式判断是否"进一"是很难的。基于小学生的思维发展离不开具体事物的支撑的特点，利用图画"安排坐船"，再通过说的活动，用语言表述自己的操作过程、描述如何安排坐船，说明多租一条船的道理（即对余数的解释），正好可以将抽象的数学语言与形象的图形语言有机结合起来，将抽象思维与形象思维结合起来，把复杂的数学问题变得简明、形象，有利于学生思考、探索。学生获得直观经验后，再让学生写出相应的算式，说说算式表示的意思，最后利用这个图画去解释"进一"，让学生经历动作表征、语言表征到符号表征的过程，实现多种表征方式的相互转化。

二、第二次课堂实施

1. 理解"每条船最多坐4人"

师：同学们坐过船吗？坐船要注意什么？

生：注意安全，不能超载。

师（出示课件）：从图中你知道什么信息？

生：船上最多可以坐4个人，不能超过4个人。

每条船最多坐4人

师：允许怎样坐船？

生：可以坐1个人，也可以坐2个人，或者3、4个人，5个就不行了，就是不能超过4个。

2. 理解"至少租几条船"

师：现在一共有20个人（出示20人图片）

你打算怎么安排租船？请设计租船方案，在图中圈一圈表示你的安排。

生1：租20条船。

生2：租5条船。

生3：租10条船。

…………

师：这些租船方式可以吗？为什么？

生：只要每条船不超过4人（即1至4人）的租船方式都可以。

师：那以上几种情况，哪种情况符合"至少租几条船"？为什么？

生：每条船坐满，租5条船，刚好坐20人，没有剩下一人，所以至少要租5条船。

3. 理解"进一"的道理

师：如果22个学生去划船，每条船最多坐4人，你打算怎么安排租船？请在图中圈一圈，再用式子表示你的方法。

○○○○○○○○○○○
○○○○○○○○○○○

生 1：要租 6 条船。因为剩下 2 人也要租一条船。

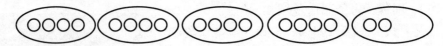

生 2：22-4-4-4-4-4=2（人），得出结果，需要租 6 条船。

生 3：刚才 20 人至少要租 5 条船，多 2 人也要多租一条船，所以要租 6 条船。

生 4：4、4、4、4、4、2，总共要租 6 条船。

生 5：22÷4=5（条）……2（人），要租 5 条船。

生 6：租 5+1=6 条船。

师：众多的方法中，有两种租船意见，有的要租 5 条，有的认为要租 6 条。认为需要 6 条船的举手。（举手的有 42 人）

…………

小结：解决问题要注意考虑实际情况，即使坐不满，剩余的人也要再租一条船，这样才能满足让 22 个学生都去划船的要求。

本课通过第一个环节分 20 个人、第二个环节分 22 个圆圈，使得"进一"由直观表象转化为有形的图式，使学生感受到画图是一种重要的学习方法。而在用图想事、借图促思、据图说理、解释算式的过程中，学生感受到画图的价值，体验了策略的运用，进而培养主动选择画图策略解决问题的意识、基本能力和习惯。

借助"几何直观"解决问题

——五年级下册"解决问题"的教学与反思

2011 年版课标指出，几何直观主要是指利用图形描述和分析问题。借助几何直观可以把复杂的数学问题变得简明、形象，有助于探索解决问题的思路，预测结果。几何直观可以帮助学生直观地理解数学，在整个数学学习过程中都发挥着重要作用。现结合人教版小学数学教科书五年级下册第 99 页"解决问题"的实例谈谈几何直观在数学问题解决中的应用。

一、教学过程描述

片段一：阅读与理解

3 一杯纯牛奶，乐乐喝了半杯后，觉得有些凉，就兑满了热水，又喝了半杯，就出去玩了。他一共喝了多少杯纯牛奶？多少杯水？

师：小组互相说说，你知道了什么信息？要解决什么问题？

生：（略）

师：你能将题目的意思，用教具演一演吗？

生：（演示）

师：这两次喝的 1/2 杯意思相同吗？

生：第一次的 1/2 是表示把一杯纯牛奶看作单位"1"平均分成 2 份，喝了其中的一份；第二次的 1/2 是表示把兑满热水后的牛奶看作单位"1"平均分成 2 份，喝了其中的一份。

（设计意图：通过阅读和理解，让学生用自己的语言叙述题目的意思，教师记录已知的信息和问题，通过学生的表述和教师的记录，让学生知道解决问题的第一步"阅读与理解"是深入理解题目的意思，进一步地梳理和内化，并能在理解的基础上规范表达，将生活中的问题初步抽象成数学问题。而演示，能为学生提供直观的感性材料，在演示过程中，教师适时地点拨，巧妙地设置问题，会让实际操作达到最佳效果，给学生留下深刻的印象。）

片段二：分析与解答

师：请将刚才看到的和你想到的记录下来，一会儿和大家分享。

生 1 用示意图：

生 2 用示意图：

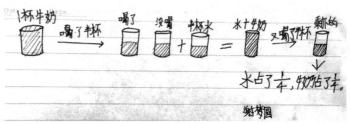

生 3 用示意图：

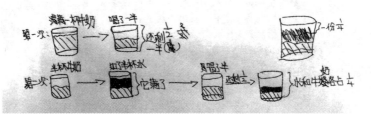

生 4 用线段图：

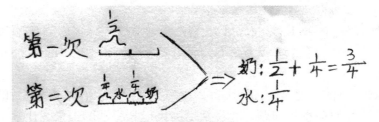

生 5 用线段图：

生 6 用文字分析：

把一杯纯牛奶看作单位"1"平均分成 2 份，乐乐喝了其中的一份。剩下的半杯牛奶加满水后，杯子里有原来的半杯牛奶和加进去的半杯水。乐乐第二次喝了半杯水的一半和半杯牛奶的一半。

生 7 用文字＋式子描述：

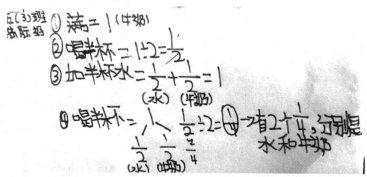

生 8 用表格：

	第一次	第二次	合计
纯牛奶	1/2	1/4	3/4
水	0	1/4	1/4

师：将自己的思考和大家交流。

生：（交流略）

师做小结并板书：

第一次喝：1/2 杯纯牛奶
第二次喝：1/2 $\begin{cases}$ 纯牛奶 1/4 杯 $\\$ 水 1/4 杯 $\end{cases}$ $\Big\}$ 喝了 3/4 杯纯牛奶

（设计意图：例 3 这样涉及分数运算的问题，数量关系复杂。让学生把在经过观察、思考后的想法利用画图、表格、语言表征等方式表达出来，结合分数的意义找到解决问题的方法，再通过组内交流、班里汇报，使学生知道画图和文字标注方式是分析解决问题的好帮手。）

片段三：回顾与反思

师：回顾整道题目的解题过程，想一想，解决问题的关键是什么？

生 1：第二次喝的 1/2 杯一半是水，一半是纯牛奶。

生 2：借助画图思考。

……（略）

（设计意图：回顾解决本题的关键和解决这一关键的方法，使学生学会借助几何直观分析数量关系，找出解决问题的思路和方法，同时也为后面理解分数乘法的意义和解决问题积累一定的方法和经验。）

二、教学反思

借助几何直观的"具化"作用，学生在激烈的思维碰撞过程中，从模糊到明晰、从简单到复杂、从模仿到内化，慢慢地积累了发现问题的经验、思考问题的经验以及解决问题的经验，体会了几何直观在理解问题、分析问题、解决问题中的作用：

1. 准确、全面地描述数量间的关系

数学问题解决的教学核心是理清数量间的关系。"几何直观"具有半抽象、半具体的特点，有助于学生更准确、更全面地理解题意，理解数量间的关系。

"喝牛奶问题"涉及分数运算，比较抽象，学生已有知识是分数的意义和性质以及分数的加、减，但还未学习分数相乘，无法用乘法来解决 1/2 杯纯牛奶的一半是多少的问题。对于"1/2 杯的 1/2 是多少"学生理解起来是比较困难的。因此，在"阅读与理解"环节，教师首先让小组互相讨论知道了什么信息，要解决什么问题；接着让学生将题目的意思用教具演一演，让学生对"1/2 杯纯牛奶的一半是多少"有更直观的认识，便于将生活问题转化成数学问题；最后，将刚才演示的过程记录下来，用画图的方式表示出两次喝牛奶的情况。这种半抽象、半具体的图，尤其是在单位"1"的变化过程中，优势特别明显。"1/2 杯的 1/2"的含义用直观的图形展现出来，使抽象的数学问题具体化，让学生体会到"图"对寻求解题思路带来的益处，认识到"图"在理清数量关系过程中发挥的重要作用，积累解决问题的经验和方法。

2. 突显过程性特征

问题解决的过程是一种重要的数学活动经验。小学生以直观形象思维为主，动手操作是其学习数学知识的主要途径，但教学不能停留在操作层面，而应借助操作积累丰富的表象经验。

在本课"乐乐两次喝的 1/2 杯，意思相同吗？"问题的解决中，在问题表征阶段，通过"演一演"帮助学生积累解决问题的经验，在操作中积累分析问题和解决问题的直观表象，但教学不能停留在操作层面，而应借助操作积累丰富的表象经验。因此，要通过"画一画"让学生想办法将刚才的过程记录下来。

"画一画"中，学生逐步形成分析问题和解决问题的认知经验，形成较明晰的数量关系。分析问题和解决问题的认知经验由文字层面进入结构层面。整个过程中，内隐的数学活动经验得以外显，学生再根据这些外显的"证据"，对数学活动经验进行具化、调控与提升，从而实现数学活动经验的有效积累。

3. 达成多维目标

在运用几何直观方法思考问题、解决问题的时候，观察、想象等手段也必定相伴而行。在前面两个层次的教学活动中，学生对图的认知与运用、对数量关系的理解足以帮助学生解决此类型的实际问题。但教学并没有止步于此，而是顺势推进——用文字或者式子解释清楚自己的想法。

教师应巧妙地借助图这个形象直观的载体，将学生的数学活动经验进行定格与凝结。通过两次喝牛奶之间的关系描述，教师简单而有效地捕获到了学生思维成长的轨迹：第二次喝的 1/2 杯一半是水，一半是纯牛奶；1/2 杯的 1/2 就是 1/4 杯。因此，乐乐两次共喝了 3/4 杯纯牛奶。图形具有直观性特点，教师在教学中应把抽象的数学语言和直观的图形语言有机结合，整合抽象思维和形象思维，帮助学生深层建构用图想事、借图促思、据图说理等多元表征的统一。

"几何直观"不单是解决问题的重要方法，在帮助学生理解数学知识、培养思维能力、建立模型思想等诸多方面也有重要的作用。

纸上得来终觉浅，绝知此事要躬行

——人教版小学数学一年级下册解决问题"求相差数"的实践与思考

"纸上得来终觉浅，绝知此事要躬行"，出自南宋诗人陆游。意思是说，从书本上得到的知识毕竟是不够完善的，要想深刻而透彻地了解事物的本质和规律，必须亲自实践才行。诗人陆游通过诗中这两句道出了实践的重要性。在小学低年级的教学中，"实践"尤为重要。

一、案例描述

1. 激活经验

师：生活中经常会出现比一比的情况，请说说你拿什么进行过比较。

生：轻重、高矮、多少。

师（出示图1）：你能比一比这里的水果吗？说说你是怎么比的。

生：桃比梨少。

师：你是怎么比出来的？

生：我数了梨有4个，桃有3个。

师：哦，你是用数数的方法比的。

师：还有什么比较的方法吗？

生：可以连线。（学生连线，如图2）

师：通过一对一的连线，你发现了什么？

生：桃比梨少1个。

师：反过来说呢？

生：梨比桃多1个。

…………

（采用相同的方法比较得出：桃和苹果同样多，梨比苹果多1个。）

（设计意图：一一对应是比较物体多少的基本方法，通过回顾，激活学生已有的认知经验，为学习新知识做准备。）

图1

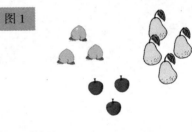

图2

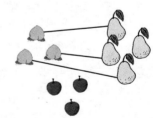

2. 知识运用

师：你能比一比这里的男生多还是女生多吗？说说你是怎么比的。（出示主题图，如图3）

生：我数出男生有7个，女生有9个，女生多，男生少。

师：你是怎么把男生女生分清楚的？

生：要先把男生找出并圈起来。（如图4）

师：除了数的办法，还有同学有不同的办法吗？

生：一个与一个连线。

师：你来连连看。（学生连线，如图5）

师：一个与一个连线有什么好处？

生：一下子看出多了2个。

师：你能把这个过程写成一个算式吗？

生：9-7=2。

…………

图3

图4

图5

（设计意图：从已知整体与其中的一部分，求另一部分用减法计算，到比较两个量相差多少用减法计算，是学生认识减法的现实意义的一次扩展，但这对学生来说有一定困难。因此，把教材的"套圈"素材调整为"男孩与女孩比多少"的现实活动，更有助于学生理解要解决的问题中的数量关系。）

3. 完善认知

师：老师想让同学们演演这个比较的过程。谁来？

（出来9个女生和7个男生）

师（静静看着）：我想看看你们怎么站。

（有两个学生反应过来，说"我们一一对应站"，如图6。）

图6

师：这个9表示的是什么意思？7呢？

生1：9表示的是9个女生，7表示7个男生。

师：那9-7表示什么意思？

生2：从9个女生里面去掉7个男生。

师：认为是这样的举手。

（全体举手）

师：好，你告诉我怎么从9个女生里面去掉7个男生。

生3：不对，去掉的不是男生，应该去掉女生。

生4：不对，是男生女生要一起去掉。

师：现在对9减7有三个意见，一是去掉7个男生，二是去掉7个女生，三是男生女生一起去掉。男生女生一起去掉是什么意思？

生5：就是去掉一样多的人。

师：请讲清楚理由。

生5：这个减7代表的是去掉7个男生和7个女生。

师：同意吗？那这个2代表的是？

生5：相差的人数。

师：或者说是男生比女生？

生6：男生比女生少2人。

师：又可以说是？

生7：女生比男生多2人。

师：谁来把这个9-7=2的意思再给大家讲讲。

…………

二、背景

一年级下册第21页例6，"求一个数比另一个数多几（少几）"是在学生初步认识减法的意义，能用对应的方法比较两个量的多少的基础上编排的。这是学生第一次正式学习用减法解决问题。

教材的题目是："如果没有小雪的7个，你能确定小华的分成哪两个部分吗？"一年级的孩子对为什么要把12分成两部分以及12-7的含义的理解是非常模糊

小华比小雪多套中几个？

的。为了让课堂有更多"生成性"的内容，让学生更好地理解知识的产生与形成过程，笔者借用北京版小学数学一年级中内容相同的情境，把例题中的"套圈圈"素材替换为男生和女生的人数比较。

三、思考

1. 耳闻之，不如目见之

你告诉学生，学生可能会忘记；你给学生看，学生可能会记得住。

用减法去解决求一个数比另一个数多几的问题，这是学生第一次正式学习解决这类问题。教师应充分利用学生在第一册第二单元"比一比"中初步认识的"同样多、谁比谁多"的概念，通过图中的男生女生"一一对应"连一连的方式，使抽象的、静态的数学问题变为直观的、看得见的数学问题，加强"比多少"问题与原来所认识的减法模型之间的联系，让学生学习新的直接的知识，从而学会解决比多（比少）的数学问题的思维方法。

2. 目见之，不如足践之

学生的思维是粗线条的思维，没有经过思考、判断，"一一对应"之后就能直接、迅速得到答案：男生比女生多2个。算式列出来了，以具体形象思维为主的一年级孩子理解"谁多、谁少"以及看图得出"谁比谁多（少）几"的结果比较容易，但完整地叙述这一思考过程却有一定的难度。运用"比多""比少"的句式来表达结果和"列式求相差量"是他们的"困点"和"难点"。因此，教师让男生和女生出来"演演这个比较的过程"，用"演"的方式让学生理解数量关系、理解问题，建立与原来的减法模型的联系，从而引导学生达到从"看出"到"算出"的目的，理解用减法计算的道理。

3. 足践之，不如手辨之

教学目标不只是获得问题的最终答案，学生列出算式9-7=2是直觉思维，他们更多的是凭借经验，根本就没有仔细思考。当让学生说"9-7"代表的含义时，错误就来了——"9-7表示从9个女生里面去掉7个男生"。"你告诉我怎么从9个女生里面去掉7个男生"把学生的知识经验（想到的）与算式的含义（看到的）的矛盾摆在他们面前，逼着学生思考——去掉的7到底是哪部分。"男生女生一起去掉是什么意思"再一次逼着学生进行思想碰撞，通过语言将实践活动内化为思维——"这个减7代表的是去掉7个男生和7个女生"，从中认识到大数可以分成两部分。让学生"演"，比起口干舌燥地讲，效果要胜过千百倍。面对习惯于具体感受、不善于抽象提炼的小学生，教师要在学生兴趣盎然的嬉笑中，把说不明道不清的"9-7"变为活生生的实践操作，让其深刻理解算式的含义，加深学生对减法的现实意义的认识。

耳朵听到的不如亲眼看到的，亲眼看到的不如自己亲身实践的。实践是激活思维的兴奋剂，作为数学老师，我们应当更多地想如何才能让学生在实践中自主、自悟、自得，从而将书本知识内化为自己的知识、技能。

借助几何直观，让经过时间"可视"

——三年级下册"计算简单的经过时间"教学案例与反思

　　《数学课程标准》（2011版）强调，几何直观主要指利用图形描述和分析问题，借助几何直观可以把复杂的数学问题变得简明、形象，有助于探索解决问题的思路，预测结果。几何直观可以帮助学生直观地理解数学，在整个数学学习过程中发挥着重要作用。小学生的思维方式正处于具体运算向形式运算过渡的阶段，它离不开具体事物的支撑。几何直观凭借图形的直观性特点将抽象的数学语言与直观的图形语言有机地结合起来，抽象思维同形象思维结合起来，充分展现问题的本质，能够帮助学生打开思维的大门，开启智慧的钥匙，突破数学理解上的难点。小学数学三年级下册第84页例3是"计算简单的经过时间"的教学。时间的计算是在学生认识了时、分、秒的基础上教学的。学生学习一些有关时间的简单计算，可以加深对时间单位实际大小的认识，培养时间观念。下面，我以三年级下册"计算简单的经过时间"教学为例，谈谈借助几何直观，让经过时间"可视"的做法与思考。

一、案例描述

　　（一）回忆解决问题的步骤

　　（二）收集信息，明确问题

　　1.课件出示第84页的情境图。

　　2.说一说知道了什么信息，明确需要解决什么问题。

　　（1）出发时刻为9：00，到达时刻为下午6点。

　　（2）求经过时间：到奶奶家要坐多长时间的火车？

　　（三）调用已有经验解决问题

　　1.尝试写一写、画一画，把自己的想法表达清楚。

　　（1）直接数

　　生：10、11、12、13、14、15、16、17、18，下午6点就是18点，从9点到下午6点经过了9小时。

　　（2）画线段

　　生：

（3）画钟面

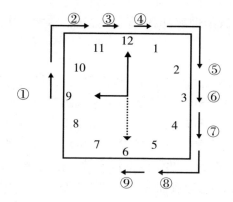

（4）分段计算

生：从上午9点到中午12点是3小时,从中午12点到下午6点是6小时,一共9小时。

（5）24时计时法计算

生：下午6:00=18:00,18:00−9:00=9（小时）。

生：

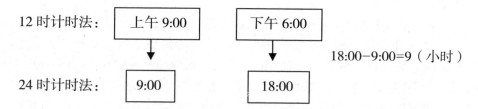

2.组内交流自己的想法。

3.选取案例展示,读懂他人的想法。

4.看书质疑,学习"分段计时"。

5.对比各种方法的思路。

6.小结：解决问题时,从不同的角度思考,就有不同的解决问题的方式。

（四）回顾与反思

时间量和起止时刻的计算是学生在学习方面有困难的内容,老师让学生根据已有的生活经验先独立探索,然后小组交流,再让学生写一写、画一画,尝试把自己的想法表达清楚,为学生创造了一个主动思考的机会,突显了《数学课程标准》提出的"体验解决问题方法的多样性,发展创新意识"的理念。学生个性化的分析和解答,呈现了三种方法：一种是直接数或者用箭头去数；一种是画线段（时间轴）或者画钟面,把经过的时间用"格"或者"段"的方式呈现出来；一种是运用 24 小时计时法计算。前两种方法都让经过时间变得"可视"，让学生直观地理解计算时间的方法，掌握解决问题的思考过程。

二、我的思考

1. 借助几何直观探究数学本质，帮助学生充分理解"经过时间"

小学生的思维方式正处于具体运算向形式运算过渡的阶段，离不开具体事物的支撑。借助几何直观进行教学，可以形象生动地展现问题的本质，有助于促进学生对数学的理解，在有机渗透数学思想方法的同时，提高学生的思维能力和解决问题的能力。如学生把钟面按大格划分，每走一个大格就是 1 个小时，时针从 9 走到 6，通过曲线，把"走"的过程"画"出来，抽象的经过时间变得可视、可数。利用钟面来表达对"经过时间"的理解，实际上就是几何直观在发挥优势，也是数形结合的思想的呈现。

几何直观凭借图形的直观性特点将抽象的数学语言与直观的图形语言有机地结合起来，抽象思维同形象思维结合起来，充分展现问题的本质，能够帮助学生打开思维的大门，突破数学理解上的难点。因此，在思考数学问题时，能画图尽量画图，目的是把抽象的东西直观地表示出来，把本质的东西显现出来。

2. 经历几何直观呈现的过程，发挥几何直观在数学学习中的价值

几何直观是一种创造性思维，几何直观的价值不仅仅在于"有助于探索解决问题的思路"，更重要的是"帮助学生直观地理解数学"。"时间"和"时刻"是两个不同的概念，光用嘴巴讲，学生是没有办法理解的，但学生把时针走过的曲线轨迹变成了直线，化曲为直。借助时间轴的呈现方式，学生直观地"看见"了——感受到了说不清的"时间"和"时刻"。

几何直观是为更好地理解数学而服务的，我们不能只限于形式化的表达，要强调对数学本质的认识，否则，生动活泼的数学思维活动将淹没在形式中。因此，教学过程有三个目的要达成：

其一，学生要将自己的思考通过"数"或"画"的方式把抽象的"经过时间"问题变得简明、形象。

其二，学生在与同伴分享思考方式的过程中，需要借助图形把自己的意思说清楚，让别人听明白，这不仅可以帮助学生理解想法，也能帮助学生正确表达，将抽象的事物变得清楚、明了。

其三，在同伴的展示中，学生要进行再次观察，理解和接受别人的想法，这有助于数学思维和解题方法的构建。

3. 几何直观是意识，也是技能与能力，更是思维方式

对数学教学来说，几何直观首先表现为一种意识——面对数学问题能想到画图来帮助思考；其次表现为掌握一定的画图技巧，能画出图来，并借助图形进行思考，这是一种能力。

在数学教学中，借助恰当的图形、直观的模型有利于揭示数学对象的性质和关系，使思维更容易转向更高级、更抽象的空间形式。培养学生的几何直观能力，不仅是新教材的要求，也是提高学生数学素质的要求。作为数学老师，应该指导学生养成一种用直观的图形语言思考问题的习惯。

以问题引导细化"阅读与理解",提升"解决问题"能力
——以四年级下册"解决问题——怎样租船最省钱"为例

人教版小学数学新教材在中、高年级"解决问题"教学中,例题明确提出了"阅读与理解、分析与解答、回顾与反思"三步解题思路。这三步是解决问题的一般过程,是一个有机整体。

"解决问题"的情境常通过最简洁的图、文字展现给学生,让学生在非常简洁的文字中体会数量关系或等量关系。对于纷繁复杂的、信息量极大的情境图,学生很难在短时间内切中图文所要表达的意思,更别说深入挖掘主题图的内涵了。因此,"阅读与理解"环节是解决问题课堂教学的关键。

"阅读"是从视觉材料中获取信息的过程;"理解"是解题思维活动的开始,是数学学习的关键。那么怎样把"阅读与理解"落到实处呢?下面我以四年级下册第10页例5"解决问题——怎样租船最省钱"为例,谈谈自己的做法。

案例描述:

1. 读出表面信息

师:从图中你读到了什么数学信息?

生1:一共有32人去乘船,有两种船,大船和小船。

生2:小船要24元,大船要30元。

生3:大船限乘6人,小船限乘4人。

生4:要解决的问题是"怎么租船最省钱"。

(教师板书学生提取的信息)

2. 筛选可用信息

师:能不能把这些信息整理一下,使其中的数学信息看起来一目了然?

学生调整板书:

①大船:限乘6人 每条租金:30元

②小船:限乘4人 每条租金:24元

师:加上一些线条看会不会更清晰?(教师加上线条)

大船:限乘6人	每条租金:30元
小船:限乘4人	每条租金:24元

3. 找出关键信息

师:在这些信息里面,你最关注什么?

生：怎么租船最省钱。

师：为什么？

生：因为租船的方法有很多，但是要最省钱的才行。

4. 挖出潜在信息

师：你怎么理解"最省钱"？把你想到的和大家说说。

生1：最省钱就是付的钱最少。

生2：所有人要坐上船，但是花的钱要最少。

生3：全部租小船，刚好8条，人全部坐上比较省钱。

生4：不一定，大船一个人才5元，小船要6元。

生5：那全部租大船，多租大船会便宜。

生6：全部租大船要6条，有4个空位，浪费6元。

生7：那先多租大船，再租一些小船，坐满了就行。

…………

师：你们的想法各有各的道理，综合起来，有两点：一是全部坐满比较省钱，二是多租大船比较省钱。那实际情况到底是不是和你想的一样？就请同学们以四人为一个小组进行讨论，用你们喜欢的方式（可以画图、做记号、列式等）设计出一个你认为"最省钱"的租船方案。

针对本课第一环节的四个小问题，把"阅读与理解"落到实处：

一、浏览表面信息：提炼已知数据和要解决的问题

主题图、情境图内容丰富，是课程标准义务教育教科书数学教材的一大亮点，为学生的学习提供了丰富的资源。从主题图中提取数学信息是每个学生必备的基本能力，但要学生短时间内找出与问题相关联的信息并进行数量关系的整合有一定的难度。如何让学生对"图"的表达不陷入看图说话的僵局，做到用数学的眼光看待呢？"从图中你读到了什么数学信息？"此问题旨在引导学生对画面进行整体浏览，在浏览的同时进行充分观察，在充分观察的基础上，把观察到的情境有顺序地、完整地用自己的语言描述清楚，把图文转化成信息进行提取，使学生学会从数学的角度观察画面，运用自己已有的能力从繁杂的生活情境中提取信息，再进一步选择有用的数学信息，进而提出问题、解决问题。

二、筛选可用信息：找出有价值的，舍弃不相干的

如果教师将学生搜集到的数学信息进行过滤，直接挑出与解决问题有关系的部分板书出来，实际上是教师剥夺了学生思维的过程。"能不能把这些信息整理一下，使其中的数学信息看起来一目了然？"此问题旨在让学生通过观

察，从中找出有价值的数学信息，及时捕捉自己所需的内容，舍弃无关的部分；让学生学会在解决问题过程中排除无效信息的干扰，筛选和重组这些数学信息，提高信息的甄别能力。

大船：限乘6人	每条租金：30元
小船：限乘4人	每条租金：24元

借助表格呈现实际问题中包含的数学信息，有助于学生在透视信息之间的关系的同时，将无序的信息有序化、条理化、数学化、规范化。

三、洞察关键信息：分析关键词，厘清数量关系

学习是通过学习者的主动行为而发生的，学生的学习取决于他做了什么。学生只浏览、筛选信息，停留在对表面内容进行初步的理解，对关键词、句的理解不到位会直接影响问题的解决。所以，能否抓住关键词进行分析也是解决问题的一种能力。"在这些信息里面，你最关注什么？"这个问题让学生把众多信息再次进行全面的审阅。"为什么？"这个问题会让学生仔细推敲每个字、词、句的意义，反复咀嚼，深入地解读。学生会在这个自主探究、内化思维的过程中理解题意和厘清数量关系。抓关键词是对学生学习的一种优化，长期落实，学生就会有意识、有目的地进行自我分析，提高自身的综合能力。

四、挖掘潜在信息：补足或扩展所提供的信息

问题"你怎么理解'最省钱'？"迫使学生分析、推理、整合多种信息，挖掘潜在的信息：坐满——没有空位；多租大船——单价便宜。透视潜在的数量关系，使复杂的问题简单化，从而得到更简捷的解题方法：方案整合——多租大船，少租小船。

如此，教师有目的的、有计划地培养学生挖掘题目中潜在信息的意识和能力，能帮助学生形成敏锐的问题"嗅觉"，培养思维深度。学生一旦养成这样的思维习惯和行为习惯，看到信息就会条件反射般进行补足或扩展题目所提供的信息，自然而然地挖掘出潜在的数量关系，找出解决问题的突破口，久而久之，就一定能提高思维能力和解题能力。

桑代克认为，学生力图理解一段文字时的反应与解一道数学题的过程相似，把阅读理解看成是推理过程。因此，"阅读与理解"环节是解决问题的起点和关键，细化"阅读与理解"，对引导学生从复杂的情境中解读数学信息，增强学生的数学阅读能力和理解分析能力非常重要。在此环节中，老师需要引导学生从阅读中学会把数学阅读资料转化为数学语言、数学符号、数学操作，学会从阅读中思考、分析、比较、转化。

追根溯源　功夫在题外
——换个角度看试卷，助力小学数学教师专业发展

考试的检测与反馈功能是教育目标管理的主要手段，考试的结果既能反映学生的学习态度、努力程度和学习效果，也在一定程度上反映了教师的治学态度和教学水平。学生存在的问题可能大部分是我们在教学中存在的问题。

对于考试的成绩，老师尤为关注。作为老师，都特别企盼自己的学生能考个"好成绩"。老师们对"好成绩"的渴望是如此强烈，那么，能不能让老师们换个角度看试卷，真正把学生放在学习主人的位置上，依据教育教学规律进行教学活动，改进教学方法，以学生的发展为本组织教学，提高自己的专业能力呢？下面我谈谈自己的一些粗浅的做法。

一、追根溯源，激起教师的研究意识

知人者智，自知者明。当教师把工作不仅看作是一种职责，而是与自我价值的实现相关联的时候，教师才能真正具有主体意识和内在发展的动力与需求。那么，我就从数据分析入手，让教师从数据中看到自己存在的问题。如下表：

知识点	扣分人数（人）			失分率		
	五（1）	五（2）	五（3）	五（1）	五（2）	五（3）
看图写分数	9	5	6	6.98%	6.66%	4.55%
体积（容积）单位换算	13	24	21	12.79%	39.16%	21.02%
找10以内的质数、合数	2	2	0	2.33%	1.66%	0.00%
分数的意义	30	34	34	61.05%	68.75%	64.20%
分数单位	18	31	25	17.05%	33.75%	26.52%
分数的基本性质	10	10	8	16.28%	10.63%	10.79%
分数、小数的大小比较	15	15	18	23.26%	28.13%	25.00%
求一个数是另一个数的几分之几	11	14	7	12.21%	16.88%	9.10%
已知正方体的棱长之和求表面积和体积	9	8	7	17.44%	13.75%	13.64%
容积概念	2	3	1	4.65%	7.50%	2.30%
同时是2、3、5的倍数的特征	7	1	1	16.28%	2.50%	2.30%
最简分数的概念	4	2	1	9.30%	5.00%	2.30%
质数与合数的联系	5	8	10	11.63%	20.00%	22.73%
长方体体积与长、宽、高的关系	1	0	2	2.33%	0.00%	4.55%
找20以内的既是奇数又是合数的个数	2	1	4	4.65%	2.50%	9.09%

（续表）

观察物体	6	1	3	13.95%	2.50%	6.82%
求长方体的占地面积	1	2	0	2.33%	5.00%	0.00%
差、倍方面的解决问题	3	2	0	6.98%	7.50%	0.00%
最小公倍数的应用	2	1	1	4.65%	2.50%	2.30%
直接写得数	12	9	15	12.40%	4.00%	3.41%
分数加、减法的计算	10	13	14	4.84%	7.19%	9.38%
解方程	15	6	6	10.85%	7.50%	2.65%
旋转画图	10	6	13	23.26%	15.00%	28.03%
多角度观察物体	9	15	16	18.60%	27.50%	28.41%
量数据并计算长方体的表面积和棱长总和	7	12	13	9.30%	18.54%	19.50%
最大公因数的应用	5	10	9	12.79%	26.25%	21.59%
分数加、减法的应用	17	16	13	24.19%	19.00%	11.81%
排水法求体积	16	13	18	26.05%	25.50%	27.50%
长方体体积公式的应用	8	5	7	13.72%	12.00%	13.18%
复式折线统计图	4	3	7	2.03%	1.25%	3.97%

五年级二、三班的数学都是同一个老师教的，两个班的期末考试纵向比较，五（2）班只有一个知识点失分率为0，有11个知识点学生失分率超15%；五（3）班有三个知识点失分率为0，有9个知识点学生失分率超20%。横向比较：五（2）班"分数的意义"失分率高达68.75%；五（3）班同一个知识点失分率高达64.20%。很容易发现，对于这个知识点的学习，两个班的学生都是不过关的。同一个老师不同班、同一个年级不同老师在同一个知识点的失分率的差异，使原因分析更容易深入，让老师更明确学生的问题根源在老师自己身上。

在此之前，老师们认为，研究是教研员、教育专家的事，不是一线老师做的事情。而要求老师们做失分率的统计，耗时长，任务繁重，很多教师都不乐意。但是教师看见结果后，在数据中直面自己教学的问题，这种视觉和心理上的冲击是非常大的。这也大大激起了老师们的研究意识。

二、思错防错，聚焦教材解读

教师在数据中看到了自身教学成功的地方，也看到了存在的问题，意识到学生问题的根源在自己身上，也想出了相应的对策，如：

> 2/5 千克表示把（　　）平均分成 5 份，表示其中的 2 份；也可以表示把（　　）平均分成 5 份，表示其中的 1 份。
>
> **原因分析**：失分严重，学生对分数意义的理解不透彻，对同一分数表示的量的两种表达方式不熟悉。
>
> **对策**：加强学生对分数意义的理解，达到熟练的程度。

从上面的"原因分析"可以看出，一线教师对自己的问题缺乏敏锐性，老师在原因分析上，用"粗心""不认真""不审题""没有理解题目"来描述学生，在对策上用"加强理解""认真审题""认真读题""提高分析能力""提高解题能力"等词语描述。这背后折射出的就是教师对教材的编写意图的重视不足，对课内 40 分钟做什么、怎样做、要达到什么效果欠缺深层次的思考。

只有入乎其内，方能出乎其外。数据的分析和推断的最终目的不是评估现状，而是发现问题，对症下药。于是，从第三年开始，我利用寒假、暑假，翻阅全校学生一至六年级期末考试的每一份试卷，记录具有共性的错例，思考错例背后反映的教师的问题。开学后，我每月两次在周三下午组织科组教研活动，开展"有效教学，从读懂教师用书开始""研读教师用书，提高课堂实效""用好教师用书，深度解读教材"等大大小小的讲座。从教什么、怎么教出发，针对错例进行教材分析与解读，我带领大家透过错题的表象看本质，让全体数学教师对数学教师用书有更深刻的理解，让老师们意识到，只有用好教师用书，才能找准教材的深度和广度；只有把握好具体的教学要求，落实好每个环节的教学任务，让错止步在源头，课堂才会产生实效。

三、研错思措，提升课堂教学实效

学生的错题是教师的宝贵资源，具有相当高的研究价值。

学生错误：（1）小数 2.05 中，2 表示（2）个（1），5 表示（5）个（0.1）；（2）在小数 0.051 里有（51）个（0.01）；（3）小数 0.256 的计数单位是（0.001），它有（6）个这样的计数单位。

学生出现这样的问题，究其原因，主要是教师对"计数单位"不够重视。"计数单位"是小数意义的本质，不仅是数感形成的前提，更是四则运算中理解算理、掌握算法的关键，是正确认识小数的基础。

学生在三年级下册的课本中第一次接触小数，虽然没有出现"计数单位"的说法，但我们也可以通过设置具体的例题，在新课的练习部分进行渗透。

指图提问：（1）0.9 米还差（　）米就是 1 米；

（2）数一数，1 米里面有（　）个 0.1 米。

四年级下册的教学应当突出对"计数单位"的理解。把小数置于数位顺序表中，学生一眼就能看出"数位"、对应的"计数单位"以及计数单位上个数的多少，借此学习小数的意义、读写、大小比较等。

其实，计算的本质就是确定"计数单位"和计算"计数单位"个数的过程。因此，我们要对"计数单位"有足够的重视。

又如：8.02 的计数单位是（百分位），它有（0.02）个这样的计数单位。

明显可以看出，学生对"数位""计数单位"和"数的组成"分辨不清。

　　整数是学生认数的开始，学生对它的学习时间最长且生活体验最为丰富，学生知道 256 里面有 2 个百、5 个十、6 个一，碰到 0.256 时就能很自然地迁移为 2 个 0.1、5 个 0.01、6 个 0.001。课本非常强调数的组成，练习基本是这样呈现的：

　　5319 里面有（　　）个千、（　　）个百、（　　）个十和（　　）个一。

　　4 个千和 4 个十是（　　）。

　　1640=（　　）+（　　）+（　　）。

　　上面的练习中，没有出现过以"一"为单位的，导致学生在小数的学习中计算有多少个 0.1 或者 0.01、0.001 时出现问题。如 1.4 里面有 4 个 0.1，而不是 14 个 0.1；又如 0.256 里面有 6 个 0.001，而不是 256 个 0.001。

　　所以在一年级"认识数"的起始阶段，教师要对"一""十"这些计数单位的教学予以重视。如 15 里面有（　　）个一，104 里面有（　　）个一；又如，8000 里面有（　　）个一，有（　　）个十等。

　　在四年级下册，学生学习了小数的计数单位后，练习中可出示数轴，让学生实实在在地数一数"计数单位"的个数，来体会小数的意义。

　　如：

$$0 \quad\quad\quad\quad\quad\quad 1$$

　　（1）在数轴上标出 0.1，图中还有哪一段可以用 0.1 表示？请用"⌒"在数轴上表示出来；

　　（2）在数轴上标出 0.3，0.3 里有（　　）个 0.1，1 里有（　　）个 0.1；

　　（3）在数轴上标出 1.2，1.2 里有（　　）个 0.1。

$$0 \quad\quad\quad\quad 0.1 \quad\quad\quad\quad 0.2$$

　　（1）在数轴上标出 0.01，0.1 里有（　　）个 0.01；

　　（2）在数轴上标出 0.05，0.05 里有（　　）个 0.01；

　　（3）在数轴上标出 0.18，0.18 里有（　　）个 0.01。

　　三年级"小数的初步认识"一课没有把小数作为一个"数"来研究，没有出现"数位"以及"计数单位"等概念，仅结合具体的量来认识。到了四年级，小数的计数单位 0.1 和分数的计数单位十分之一容易造成互相干扰。考虑到学生的接受能力，教材淡化了十进制分数可以依照整数的写法和用小数来表示的概念，而着重从"小数是十进制分数的另一种表示形式"入手。但是，如果仅仅记住"一位小数表示十分之几，两位小数表示百分之几"这些抽象的概念语言，那么学生无法从本质上完成概念的构建与理解。

　　因此，在借助数位顺序表介绍小数的计数单位的时候，教师可以说"十分位的计数单位是十分之一"，但要写作"0.1"，以此区分小数和分数计数单位在写法上的不同。此外，教师还可利用分数与小数的关系进行教学：4/10 里面有 4 个 1/10，所以，0.4 里面有 4 个 0.1，以避免小数的计数单位 0.1 和分数的计数单位十分之一互相干扰。

学生的错例告诉我们，要立足教材的知识体系进行授课，才有"实效""高效"可言。

四、交流分享，形成团体优势

萧伯纳说："倘若你有一个苹果，我也有一个苹果，而我们彼此交换这些苹果，那么你和我仍然各有一个苹果。但是，假如你有一种思想，我也有一种思想，而我们彼此交流这些思想，那么，我们每个人将会有两种思想。"

科组是教师专业成长的摇篮，是教学研究的主阵地。我们每两周一次的教研活动周周有主题、人人做讲座、个个要发言。我们利用这个教研平台展开小研究、大学习，分享教学诊断。"错题共研""我的困惑""一课思考""教研沙龙""案例讨论"等形式的案例分析，不仅可以引发共鸣、碰撞思维，还可以激发争论、解决困惑。近年来，"解决问题案例分析""计算问题案例分析""数学教师解题能力培训""相同知识点的新旧教材对比""如何写案例""我的困惑""如何写教案""经过时间解决问题""一年级画图解决问题""余数解决问题"等研讨越来越多，老师们互相分享最关键、最困惑、最有价值的问题。在这个过程中，教师阐述自己对教育的理解，表达自己对新理念的感悟，叙述自己对实践的反思，呈现出自己对教育的智慧。这些年，教师自觉内化自己的教学行为，致力于教学思想、教学行为的转变，走上学习中研讨、实践中总结、总结中提高的成长道路，从个体的研究发展到合作伙伴的共同研究，发挥了教师群体的科研合作优势。

实施一系列的措施后，我进校 5 年在番禺区连续 4 次获数学抽测的优秀档次，平均分都高于同组。2014 年，学校以平均分高于同组 8 分的好成绩，从此脱掉了数学"薄弱"的帽子，并连续 2 次获番禺区优秀科组二等奖。

五、反思积累，推进实践与理论融合

理论与实践融合是教师专业发展最高的思维能力。只有实践没有提升，教师很难提升自己的教育理念，改良教学方法。华东师范大学叶澜教授给出了一个教师成长的途径，她说："一个教师写一辈子教案不一定成为名师，如果一个教师写 3 年的教学反思，就有可能成为名师。"华南师范大学刘良华教授也这么说，他说："教师是否能够'公开发表'自己的声音，已经成为影响教师的行动研究能够走多远的一个决定性因素。"因此，教师把所思、所想、所感以随笔的方式记下来，怎么强调都不过分。近 5 年，我校有的 11 位数学老师在我在任期间分别向省、市、区、镇等不同地域的教师展示自己的教研课，

其中省级 2 节、市级 2 节、区级 30 节。除此以外，老师们有 38 篇文章获不同级别的奖项，有 14 篇文章发表在正规刊物上。

教师专业发展的本质是自主发展，只有个人的意识觉醒了，才会有发展的动力与持久力。"试卷分析"就是一个别开生面的"点火器"，能激起教师专业发展的意识。换个角度看试卷，老师们在数据中直面自己教学的问题，激起了老师们的研究意识。重视教材的编写意图，明确课内 40 分钟做什么、怎样做，要达到什么效果。教师只有深层次地思考教材，把握好具体的教学要求，才能落实好每个环节的教学任务，让错止步在源头，自觉内化自己的教学行为，致力于教学思想、教学行为的转变，最终走上专业发展之路。

第四篇

不只是数学

从"你父母的生日是几月几日"想到的

新课程标准实验教材数学小学三年级下册"年、月、日"课后练习的教学片段：

师："你的生日是几月几日？用彩色笔在上页的年历中圈出来，并告诉你的同桌。"

每一个学生都对自己的生日记得清清楚楚，正确圈出了自己的生日。

师："四人为小组，互相说说你们是怎么庆祝自己的生日的。"

一说到自己的生日，全班顿时沸腾起来，"我爸爸妈妈会给我买礼物""爸爸妈妈会买生日蛋糕给我""我们全家出去吃饭庆祝""我在家开派对，请很多小朋友一起来为我庆祝""每年生日，爸爸妈妈都会煮一个红鸡蛋"……

师："你父母的生日是几月几日？用彩色笔在上页的年历中圈出来。"

生1："老师，我不知道！"

生2："我也不知道！"

师："为什么你爸爸妈妈每年都为你庆祝生日，而你却不知道你爸爸妈妈的生日呢？"

生1："爸爸妈妈没有告诉我。"

生2："我只记得大概。"

生3："从来没有给爸爸妈妈过生日。"

生4："爸爸妈妈曾经说过日期，我没有记住。"

师："你爸爸妈妈有没有试过忘记你的生日呢？有的请举手！"

生："没有！"（全班异口同声地说）

孩子的回答当场让我顿觉失望、酸楚、心痛！全班只有四五名同学确切地记得父母的生日！

师："那好，记得父母生日的同学请告诉我你爸爸妈妈的生日。"

…………

师："请这些同学说说为什么你能记住你爸爸妈妈的生日，你又是怎么为爸爸妈妈庆祝的？"

生1："爸爸妈妈工作很忙，但是每年都记得为我庆祝生日，所以我也记得他们的生日。"

生2："我自己画一张生日卡送给他们。"

生3："我会对他们说生日快乐。"

生4："我用零用钱买小礼物给他们，有一年，我给妈妈买了一副洗碗用的手套，因为妈妈每天要洗碗，戴着手套不伤手。"

师："其他同学听了这几个同学的话有什么想法没有？请把你的想法、建议告诉你的组员。"

生1："我打算爸爸妈妈生日那天对他们说生日快乐！"

生2："我会买生日卡，写上'我爱你，妈妈'。"

生3："我会自己动手做一张生日卡。"

生4："我用零用钱买蛋糕为他们庆祝。"

生5："把房间打扫干净。"

生6："我帮他们洗碗。"

生7："早早地把父母的生日在日历和挂历上用显著的彩笔标记出来，就不会忘记了。"

…………

师："其实你的爸爸妈妈并不希望你给他们买花、买礼物，就像刚才同学们说的，画一张生日卡，对他们说一句"生日快乐""我爱你们"……只需要你的举手之劳，这个生日对爸爸妈妈来说就会变得非常难忘，让他们知道你爱爸爸妈妈，就像爸爸妈妈爱你一样，这就是送给他们的最好的礼物。你愿意试试吗？"

生："愿意！"

课程结束了，虽然数学课上成了思品课，也不知道这短短的十几分钟会令孩子有什么改变，但这情景令我深思，"可怜天下父母心"，父母爱孩子，无私地付出已成习惯，因为孩子习惯"接受"父母无条件的给予，落差也就极容易形成。现在的孩子大多心安理得地享受这份关爱，却不理会家长的付出，更不懂得珍惜。记得父母的生日其实并不难，而要让孩子懂得真正地关心父母却没那么简单！要让孩子养成关心他人的良好美德，不仅仅要靠老师教导，也需要父母用实际行动为孩子做表率。当渴望孩子的体贴时，父母不妨对孩子直说："孩子，我也需要你的关心。"这是比智力开发更重要的"德育启蒙"，万万忽视不得！

神奇的莫比乌斯带

——一个延续十年的故事

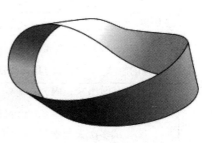

请问大家听说过莫比乌斯带吗？这神奇的莫比乌斯带的确神奇，而且它神奇地在我身上缠绕了整整 10 年，人生有几个 10 年啊！

2006 年 11 月，我对我班的孩子说，有一个数学游戏，非常神奇而且有趣，你们要不要试试？孩子们一听很兴奋。"看看课本 77 页，有兴趣的同学自己回家试试吧，明天数学课把你的发现告诉我。"我如是说。

第二天一进教室门，孩子们兴奋地拿出自己做的莫比乌斯带给我看，脸上洋溢着喜悦。有的孩子还对我说："老师，看我弄了很多个圈在里面。"我一统计，发现只有 2 个孩子没有做，有十几个孩子做了不止一个。整节课上，孩子们一直在介绍自己是怎么看"说明书"的、怎么想的、怎么做的、怎么失败的、怎么成功的。整节课上孩子们都很兴奋，我更是心花怒放。

2009 年 11 月，我新接手四年级一个班。同样一番话，我对班上的孩子说，结果第二天没有一个孩子做，我惊诧极了。

课堂上，我当场做了一遍给孩子们看，他们诧异的眼神令我有点欣慰，他们总算还有兴趣！有兴趣就好办！整节课上，我一直在和孩子们一起看"说明书"，学做莫比乌斯带，但心里面却不断翻腾，到底是什么原因让两届孩子有这么大的差异？习惯没有养成？……许多问题困扰着我。

2015 年 11 月，又是四年级，我又想看看情况会如何，同样一番话，我继续对班上的孩子说。

我担心历史重演，还发短信让家长督促孩子："孩子做'神奇的莫比乌斯带'，需要读懂'说明书'，需要耐性。孩子会经历验证、猜想、下结论的过程，而这个过程会有多次的失败，我担心有部分孩子不愿尝试，请家长帮助提醒，谢谢。"

第二天，18 个孩子做出来了，还有 13 人没有去尝试。为了了解孩子们到底在想什么，我设计了两份问卷。

> "神奇的莫比乌斯带"直到现在，全班 42 人中只有 27 人做出来了。老师想了解你的想法，请按你的真实想法打钩：
>
> 我做出来了。
> 1. 我尝试了（　）次就成功了。
> ①一　②二　③三

结果："我尝试了一次就成功了"的 9 人，二次的 13 人，三次的 5 人。

> "神奇的莫比乌斯带"直到现在，全班 42 人中只有 27 人做出来了。老师想了解你的想法，请按你的真实想法打钩：
>
> 我没有做出来，因为：
> ①看不懂课本方法。
> ②尝试多次失败不想再尝试了。
> ③不想做。
> ④等老师课堂上讲的时候再做。
> ⑤其他原因：

结果："看不懂课本方法"的 8 人，"尝试多次失败不想再尝试了"的 2 人。

看着统计的结果，我平静下来。我不是经常对别人说"学生的问题就是老师的问题"吗？我要在自己身上找原因。我发短信、做问卷意义何在？我是在抱怨家长，在埋怨孩子！

时代变了，学生变了，我却没有改变！我一直只关注做了没有、怎么做的。而数学的学习不能仅仅是"做"，而是"做有所获"。于是，我把关注的重心由"你怎么做"转为"你做了后有什么收获"。我又设计了一份问卷：

> "神奇的莫比乌斯带"我（做出来了）（没有做出来），我想说：

"神奇的莫比乌斯带" 我（做出来了）（没有做出来），我想说：这个莫比乌斯带非常神奇，从一个小圈把这个圈的一圈剪了，之后它变成了一个大圈，之后再把这个大圈的剪下来它变成了两个圈，我发自内心觉得莫比乌斯带非常神奇啊。
　　我做莫比乌斯带的时候，第一次失败了，可是我不甘心，我还在做了一次，我在做莫比乌斯带的时候，我把第一次失败的原因总结了一下，第二次老师没有看到我的莫比乌斯带，但是我相信我一定可以成功。

"神奇的莫比乌斯带" 我（做出来了）（没有做出来），我想说：
这神奇的莫比乌斯带，我做了很多次才做了出来，虽然我是有跟爸爸妈妈一起做的。但是，做这神奇的莫比乌斯带也不是一件容易的事。但是，如果你有用心去做，就一定能做出这神奇的莫比乌斯带的。在学校，老师一共给我们做了几次，短信发了三次。我第一次做的莫比乌斯带，我拿到学校去，经过检查，我做出来是失败的。但是我没有放弃，还是继续做了下去。

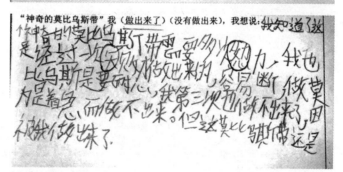

"神奇的莫比乌斯带" 我（做出来了）（没有做出来），我想说：我知道了做神奇的莫比乌斯带要要多少努力，我也比乌斯是要耐心，很容易断，我第三次也做不出来了，但这莫比乌斯带还是为足着急，而做不出来，但这莫比乌斯带还是被我做出来了。

"神奇的莫比乌斯带" 我（做出来了）（没有做出来），我想说：莫比乌斯带很好玩，只要有耐心，就可以做出来。可以合作完成，也可以单独完成。我觉得莫比乌斯带是一个考验我们耐心和让我们思考的一个数学问题。我觉得很有趣。

"神奇的莫比乌斯带" 我（做出来了）（没有做出来），我想说：做莫比乌斯带其实就是让自己动脑筋想。那天下午，妈妈在穿长服，我自己研究了数学学问，让妈妈帮一下吗？不帮我会变数学老师批评的妈妈说：帮什么帮自己不会看数学书70页吗？被数学老师批评就让老师批评，你学习还是妈妈学习。我就哭了起来，说：小气鬼不帮我就算了。后来妈妈就打开了数学书70页，我拿起了白纸，开始做了起来。我先画了①与②，我第一次就做了②号圈我也做成功了，妈妈又说：小看把自己动脑的项目自己做，不用你教！

"神奇的莫比乌斯带"我（做出来了）（没有做出来），我想说：虽然很难做这个"神奇的莫比乌斯带"，但是不管有多难，这毕竟是作业，我还是做出来了。这个游戏我失败了一次，可是我认真地看了一次课本，第二次做起来我成功了。

"神奇的莫比乌斯带"我（做出来了）（没有做出来），我想说：之前那几次我看不懂课本上的办法，昨天，在课堂上老师叫我们全班都再做一次莫比乌斯带，我本来不会的，同学看我不会就教我做了一次，第一次的时候，做着做着不小心弄断了。我尝试做第二次，先画好三的线，再剪，剪完之后我发现成功了。经过做了几次我才成功，不过我还是成功了。

"神奇的莫比乌斯带"我（做出来了）（没有做出来），我想说：我第一次做，没成功，第二次也没成功，第三次我认真看教学书的说明书，再次认真的做出了莫比乌斯带！我再用这个方法做了第二条，第三条……我觉得非常得意，在有一次的数学课里我因为得意而做了五次才能成功。最后不知为什么很喜欢做莫比乌斯带！

"神奇的莫比乌斯带"我（做出来了）（没有做出来），我想说：这个"神奇的莫比乌斯带"甄瓦老师一共让我们做了5次，在这个过程中我们遇到过许多问题，也失败过多次，但最后还是成功了。不过也有人没有做成功或没做完。我只想说：只要坚持就会成功的。我还想对那些没做的人说：懒惰只会害了你。

"神奇的莫比乌斯带"我（做出来了）（没有做出来），我想说：其实这个莫比乌斯带很容易，只要你认真的做，总会做成的。第一次做莫比乌斯带的是我爸爸一起做的，第二次是自己做的，我一次就做出来了，第三次是数学老师叫我们做的，结果我还是第一次做出来了，我非常的高兴，因为这是我第一次亲手做出来的。

"神奇的莫比乌斯带"我（做出来了）（没有做出来），我想说：这个"神奇的莫比乌斯带"其实是一个有趣的游戏，但是我生败了几次，直到昨天的课堂，我才知道这个"神奇的莫比乌斯带"的秘密，原来先要用①号环生距着一条之次，剪到中间半个高度，就会变成两个环，然后，我就高兴的拿去给老师看，老师对我做的"莫比乌斯带"对了。

"神奇的莫比乌斯带"我（做出来了）（没有做出来），我想说：

我第一次做神奇的莫比乌斯带 我是第三次才成功的，真到有的一天，我们的老师告许我们做完才可以放学，我以之前三次才成功的精子中比这一天还要恐大10倍，谁意想不到的是我只需要1次、10分钟就做成功了，我知道一定是我之前不够精神认真，有耐心，才会搞成三次才成功的原因！　学号：11

"神奇的莫比乌斯带"我（做出来了）（没有做出来），我想说：一开始做莫比乌斯带的时候，第一次我并没有成功，然后就和家长一起做，我做到最后的时候，一剪又断了，我重复，不遂地做，终于剪出了一个"8"字环，一看书，原来是一个"8"字环再加一个圈，我就把做好的"8"字环加上①号王天粘起来，我一看数学书，不对路，我看了找②号环把它分成三后，就才成数一个"8"字环加一个圈，原来是把一张纸分成3份后，就变成3三个圈，做了很多次，我才成功，我懂得了一个道理：只要不断地做，就会成功。

"有趣""好奇""发现""合作""我认真看了课本""做了3次才成功""第一次失败了，我不甘心"……从学生写的文字中可以看出，他们正在经历"不断尝试，不断实验，不断总结"的数学学习过程。学生们在这个过程中意识到了"耐心""不放弃""坚持""不甘心""要认真""用心去做"……这让他们获得了数学活动经验之外的体验。这正是莫比乌斯带的神奇与魅力！

"莫比乌斯带"的"神奇"之处并不仅是让孩子发生改变，而是它让我明白"做数学"的真正意义。

以爱相融　共赢成长
——我与瑞瑞的故事

一、学生背景与问题概述

2012年9月1日,瑞瑞(化名)走进我的课堂,他的特别引起了我的注意。他活在自己的世界里,不会和别人交流;上课没有一分钟能坐下来,随时冲过去掰小朋友铅笔头上的橡皮;经常会不停地敲桌子;突然站起来指着我说出"吵死了""闭嘴""收声"等词汇;上课想去哪就去哪,下课则会把校门口种的花一株株地拔起;到处寻找并打开学校的水龙头,浪费水资源;拿沙子撒向同学、老师;拿铅笔、粉笔画同学的书;往栏杆、窗口等高处爬,越叫他不要爬,他爬得越高;经常性地"失踪"……我多次和他家长沟通,发现家长戒备心非常强,一再强调自己的孩子很正常。我在师范学校没有学习过如何与"特殊"的孩子相处,从教二十几年,也没有遇到这么特别的孩子,我束手无策。

二、辅导策略与实施效果

巴特尔说过:"教师的爱是滴滴甘露,即使枯萎的心灵也能苏醒;教师的爱是融融春风,即使冰冻了的感情也会消融。"面对这个特殊的孩子,我能不能用耐心和爱心去唤醒他呢?钝学累功,总有水滴石穿的一天。这六年来,我坚持不懈,用微笑、尊重、包容、鼓励与班里的孩子共赢成长!

1. 真诚微笑,表达善意

瑞瑞的家长不肯申请随班就读,我非常理解家长的想法。设身处地地想,陌生的教师、陌生的环境及新的同伴等各方面的压力,一定会让家长和瑞瑞不安。因此,让家长消除内心的疑虑,让班里的同学接纳"不一样"的瑞瑞是摆在我面前的首要任务。因此,首先我告诉孩子们,瑞瑞和别人"不一样",但我们每个人都"不一样",就如我们每个人的身高、体重、外形不一样一般。其次,让孩子们知道,善意的微笑是最动人的语言,一个简单而又真诚的微笑传递着你的友善,你把友善传递给对方之后,别人也会给予你同样的友善。

一个月之后,我们看到了效果,瑞瑞的爸爸开始接纳我们。两年之后,我看到了奇迹,瑞瑞学会了表达友善。

得到认可

今天班主任告诉我，我们对瑞瑞的关心得到了他爸爸的认可。我送孩子出校门时看见了他真诚的笑容，也听见了他对我们的感谢。

家长观察了我们近一个月，从高度警惕变成了认可，我也蛮开心的。

2011 年 9 月 25 日

得到肯定

瑞瑞爸爸对我们的付出给予了肯定：

······成长相片，不禁感慨万千；没甄、梁等老师的包容、教导，就没有······真无邪、笑容灿烂的小学童年时光，让孩子学会感恩，将来回报社会，就是送给甄、梁等老师最好的礼物。大家说是吗？👍👍👍

2018 年 5 月 16 日

---

2. 同伴相助，传递接纳

同学的力量有时胜过老师，老师不可能无时无刻地陪伴着瑞瑞，所以同学的帮助对他来说是必不可少的。班里独生子女多，而且并非所有的孩子都能自发地去帮助、包容瑞瑞。我们发现婷婷特别有耐心，于是安排婷婷扮演"小姐姐"角色：下课陪瑞瑞玩游戏，排队时牵手一起走，手把手教瑞瑞收拾书包，安抚焦躁不安的瑞瑞……在罗森塔尔效应的作用下，孩子们的善良天性表现出来，渐渐学着和瑞瑞相处，对瑞瑞的某些行为从最初的不理解到逐渐地包容和照顾——愿意陪他去厕所，带他排队，和他在操场玩。很多同学愿意尝试和他交流，容忍他的迟缓，耐心纠正他的错误，告诉他什么可以做、什么不可以做……

罢工

我："瑞瑞，你卷子更正了？"

瑞瑞："不用。"（摆摆手）

我："我知道，你是不想改吧？叫婷婷教你好么？"

瑞瑞："那好吧！"（看看我）

2015 年 6 月 16 日

迷路了

新学期开学的第一天，我一进教学楼就看见哭成泪人的瑞瑞，原来他上厕所回来找不到教室，我心疼死了。

回到教室，我对孩子们说："刚才瑞瑞和甄老师找不到教室了，我跑回一（3）班教室了，甄老师经常这样，有一年搬家，一个月七次找不到自己的家。"孩子们笑起来。

我又说："那以后我们能不能看见甄老师和瑞瑞迷路的时候帮帮忙啊？"

"可以。"孩子们快乐地应答。

2013 年 9 月 2 日

打架

乐乐说："老师，瑞瑞刚才打我。"

我说："他还小，你让着他点儿。"

"还小？他长得比我还高！"乐乐气愤地说。我马上意识到我说错话了。

"瑞瑞是和你闹着玩还是有意欺负你？"我补充道。

乐乐回答："我觉得他是欺负我。"

"我们知道瑞瑞有时候不能控制好自己的行为，那你能不能慢慢地和他说，告诉他什么是对的，什么是不可以的，多说几次，他就记住了。"我耐心劝解。

乐乐看看我，说："那好吧。"

我想，要想瑞瑞融入班集体，不能给予他过多的宽容和妥协，要按照对普通孩子的要求那样对待他，让他知道哪些行为是不对的，是别人不喜欢的。

2015 年 10 月 16 日

---

3. 尊重、鼓励，建立信心

渴望赞赏是每一个人内心的基本愿望，孩子更是如此。孩子需要鼓励，如同植物需要水一般。要让瑞瑞融入班级群体，不能靠施舍和怜悯，不能仅仅把他当作特殊的孩子去照顾，必须充分挖掘并放大他的闪光点，帮助他建立自信。

惊喜

今天数学课学的是加法，要求孩子们学会描述图意，我问："谁会编故事？"瑞瑞立即举着手跑到我跟前，"左……3 个（手势），右……1 个（手势）"。他居然断断续续地表达出了图的意思！我开心极了！

为了让瑞瑞知道我们看到他的努力，我说"能明白瑞瑞表达的请给他掌声"，这时，班上的掌声出奇地热烈！

"瑞瑞，你真棒，同学们都能听懂你的话哦。"瑞瑞蹦蹦跳跳地回到了自己的位置。他那发自内心的喜悦和笑容，感染了每一位孩子。

2011 年 10 月 15 日

"撒娇"

今天测验，瑞瑞不肯做，大叫"不会"，我说"不会，我教你"，他钻到我怀里，坐在我腿上，抓着我的手，意思是叫我写。我说："自己的事自己做，瑞瑞，你行的！"瑞瑞听了，点点头，动笔写，每写一个字，我都换着花样表扬："这一笔写得多直""这个字非常端正""这一点写得很有力"……

要瑞瑞建立起自信，我不知道除了鼓励还有什么别的方法，只有赞赏、放大他的"成就"，才能让他感受到自我价值。

2012 年 10 月 16 日

瑞瑞哭了

瑞瑞对于一些逻辑性强的问题，如位置的相对性、多少的相对性等很难描述清楚，一些数量间的关系，他理解起来也有困难。今天，有一幅图瑞瑞没有办法看懂题目的意思，跑过来问我。我讲了多次他都听不懂，看见他着急的样子，我于心不忍，就抓着他的手写出了式子。

接下来的一幕却吓到我了。瑞瑞一边流泪，一边把我刚才抓着他的手写的字擦掉。我震惊、心疼，悔得不得了！我知道我做错事了，我伤害了他！

我想弥补，赶紧说："对不起，对不起，老师不想让你着急，老师错了，我们重新来做。"他才慢慢止住眼泪。

今天之后，若遇到某些问题明知他做不来，我也不敢、不能、不会敷衍他了！

倾注爱与耐心是远远不够的，理解他的困难，真心帮助他、鼓励他，不干涉、不放弃才是对他最大的尊重！

2013 年 5 月 3 日

4. 成人达己，共赢成长

瑞瑞从与同学的相处中感受到友爱，渐渐学会了与其他孩子沟通、交流的方法。相较于我们对瑞瑞的帮助，瑞瑞对我和班里其他孩子的帮助更大！孩子们慢慢地学会了理解瑞瑞的情绪变化，在瑞瑞遇到困难时积极帮助他，在瑞瑞生气时安慰他，学会了如何真正地去关心需要帮助的人，学会了尊重他人，平等地看待其他人。

善良的瑞瑞

今天放学排队，小桐在哭，我去询问的时候，瑞瑞也跟着过来。小桐哭得眼睛通红，说小尊丢了她的贴纸，瑞瑞满脸怜惜地看着小桐，伸手搂住她："不哭，不哭，下午给你贴纸。"

瑞瑞很少讲这么清晰、这么长的句子。

人之初，性本善。可爱的瑞瑞心中有大爱！

2013 年 5 月 17 日

能坚持

军训第一天，我担心瑞瑞，找到时，他眼泪汪汪、可怜巴巴地望着我。我心中不忍，带他去洗脸，问："能坚持不？"

瑞瑞点头。

我说："那洗完脸回去？"

瑞瑞说："不去了。"

"瑞瑞，教官不仅仅是批评你，你和他们一样，谁做不好都要被批评。"我说。

"休息。"瑞瑞对我说道。

"好，休息一会儿再去。"我回道。

十分钟后，我对瑞瑞说："他们能做到的你也能做到，擦干眼泪，我们回去。"

直到下午训练结束，瑞瑞都坚持下来了！

2015 年 11 月 4 日

瑞瑞有喜欢的人了

昨天到珠海长隆看表演时，我坐在瑞瑞身边。他递给我一瓶益力多和一根吸管。我窃喜。接着，瑞瑞对我说"可歆"。

"啊？"我惊讶道。

"可歆。"瑞瑞又重复了一遍。

"你想我拿给可歆？"听到我的话后，瑞瑞点头。

"你喜欢可歆？"瑞瑞又接着点头。

我说："那婷婷呢？"瑞瑞回道"给了"。

"哦，你喜欢可歆和婷婷？"我接着问。瑞瑞点头"嗯"了一声。

"瑞瑞，那我呢？"我期待着他的答复。他笑嘻嘻地看着我。

2017 年 3 月 25 日

没有自信源于什么？

今天上课瑞瑞没有做练习，下课我拉着他补习。其实他都会，但是就是不敢写，一定要我的手抓着他的手，而且每题都是看见我点头他才敢写下去。

见他这样子，我心里有点悲凉，什么造成他这么没有自信？作为老师或家长，我们平时有没有不经意间打击到孩子的自信？对待孩子，我们有没有说过"真没用""这么简单都不会""赶你出去""不要你了"这些让孩子感觉自己一无是处或没有安全感的话？

其实孩子更需要得到我们的肯定！

我觉得他能学到多少的知识并不是很重要，想办法让他融入这个集体，尝试走出自己的世界，能独立面对生活才是最重要的。

瑞瑞让我对"教育"有了全新的认识！教育不仅是教知识，不仅是教会学生解决问题，教育的范畴太广了！

2012 年 11 月 28 日

以前，我心心念念的是如何把数学知识教给孩子，绞尽脑汁地想怎么把课程标准落到实处。瑞瑞用了六年让我真正理解孔子说的"有教无类"的含义。他教给我什么是耐心、什么是爱，让我深刻理解了什么才是真正的"教书育人"！因为他，我的教学行为发生了更大的变化。因为他，我对教学、教育有更深层次的认识与感悟：教育是培养孩子获得未来！

我与瑞瑞的故事

一个特别的孩子

瑞瑞的到来，让我有了写教学日志的冲动。

9月3日是上学的第一天，瑞瑞的反常举动引起了我的注意，我提醒班主任，问问家长孩子的情况。结果家长很抵触。

当天，军军的妈妈和我说，孩子每天要按时吃药，担心老师歧视孩子，希望不要让其他老师知道。我对她说："放心，我们学校有一些特殊的孩子，他们都会得到很好的照顾。"但是，我心想，按时吃药的孩子是不是精神方面有问题，但我不敢肯定，因为以前遇到的一个孩子就是靠吃镇静类的药物才能正常上学。

9月4日，瑞瑞上课没有一分钟能坐下来，他好像活在自己的世界里，不会听别人的话，也不会说完整的话，不会和别人交流。我回家上网查，觉得他和自闭症的症状比较相似。

9月11日，终于发生大事。我下午去听一年级教材分析，没有在学校。晚上去黎老师的农庄吃饭，听梅说有两个孩子打起来了，还把手弄伤了，当时还喊来了几个老师，老师们也一时难以控制局面。梅哭得眼睛通红，她还告诉我，李主任和五个家长当时强调，两个孩子一定要分班。

其间，瑞瑞的麻烦事、趣事一摞摞：开学第一天就把校门口种的花全部拔起来；一天9次把B栋教学楼所有水龙头打开；拿沙撒向小朋友、老师；拿石头掷人；拿铅笔、粉笔画别人的书，画电子白板；掰小朋友铅笔头上的橡皮；突然冲出课室；上课时突然站起来指着我说"吵死了""闭嘴""收声"等词汇；看见我生气又会搂着我说"对不起"；看见何教练批评他，他会说"岂有此理"；上音乐课时，他让谢老师无法控制局面……

这个特殊的孩子，却异常听他爸爸的话。他知道他爸爸爱他！

他的爸爸满头白发，我心底里佩服他，他真伟大！

9月25日，我们对瑞瑞的关心得到了他爸爸的认可。梅说："看见他真诚的笑容了！听见他对我们的感谢了！"

其实，我觉得瑞瑞真的需要老师的关爱。我们得到家长的认可，心里也很开心。

2012年9月25日

为什么要掰铅笔头?

数学课时,瑞瑞和子聪打了起来,原来是瑞瑞抢了子聪的铅笔。瑞瑞正掰笔头上面的橡皮擦时,子聪抢了回来。按照以往,瑞瑞的动作一般在 2 秒之内完成,包括冲到别人的座位前,掰下橡皮,把笔丢还给别人。包括我在内还来不及反应,他已经拿了橡皮回到自己的座位,动作快、准、狠。今天动作慢的原因是子聪的笔头橡皮擦质量很好,弹性非常好,瑞瑞掰不断。我冲到他们面前的时候,瑞瑞还在掰,但是,连我也无法从瑞瑞手中抢到铅笔,他力气很大。掰断后,他像之前一样,立即把铅笔丢还给子聪,然后拿着橡皮在那里玩,好像什么事情也没有发生。我只好叫瑞瑞道歉,安慰子聪,然后很无奈地加了一句,以后不要买有橡皮头的铅笔啦。

对于这样的孩子,我完全没有经验。这种不按常理出牌的孩子,令我手足无措。

我批评其他孩子时,他会立即冲上讲台,在黑板上画一个撇嘴的脸,然后指着那个脸说"某某(被批评孩子的名字)",让我哭笑不得,不过我通常是笑的。

2012 年 9 月 27 日

瑞瑞给我上了一课

今天数学课上,我发现瑞瑞一直在忙"起房子",眼睛都没有看我一下。放学后,我陪他在门口等他的爸爸,像以往一样找出他的数学书,打算教他补回上课时做的练习。翻开书,我惊奇得眼珠子都要掉下来了,小家伙竟然全部完成,且全对!我问他:"是你做的吗?"他点头。"上课的时候做的?"他点点头。我还是怀疑,于是考他上课的内容,没想到他真的会!天哪!我竟然完全不知道他什么时候听的,什么时候做的。其实,他在"起房子"的时候,一直在听!我真是失败!我一直以为,孩子认真聆听的时候是静静地看着老师,口、耳、手、脑动,结果,他给我上了一课!

2012 年 10 月 8 日

无计可施

今天测验,第一版比较简单,瑞瑞很快做完了,第 2、3、4 版是一些"谁在谁的前面,谁比谁多"等要思考的内容,瑞瑞不肯做了,大叫"不会"。我说"不会,我教你",他抓着我的手,意思是叫我写,我说你要自己写,他不干了,丢下笔,又拿出卡片自顾自地"起房子"。我问:"你不做啦?"他说"是啰",之后再也不理我了。

我很想知道社会上有没有一些指导教师如何与这种特殊孩子相处的机构，或者有没有一些专门的机构帮助这些孩子正常成长。我觉得他能学到多少的知识并不是很重要，光是对他好帮助也不是很大，要想办法让他融入这个集体，尝试走出自己的世界，能独立面对生活才是最重要的。

瑞瑞让我顿悟，教育不只是教知识、教会学生解决问题，教育的范畴太广了！

2012 年 10 月 16 日

小跟屁虫

今天数学课上，瑞瑞不知哪里来的兴致，不但把今天学的练习全部做完，还把后面未学的练习也做了。他做到不会的，就跑出来拉我的手说"不会"，我说："还没学，明天学了你再做好不？你乖乖地回座位坐好，等会儿我来教你。"他不干，一直在我屁股后面跟着，我拉他回座位，一转身，他不知什么时候又在我身后了，整节课上，他一直这样跟着我喊"教我"，让我哭笑不得。

有时我想，我花很多时间在他身上，会不会对别的孩子关注不够，会不会对别的孩子不公平？

2012 年 10 月 17 日

瑞瑞试探我

今天，瑞瑞上课不肯做练习，我叫他拿出课本，他就是不拿，而且把自己的英语书乱涂鸦，还转过去画别人的书。我对他说不可以，他知道我在批评他，他生气了，用拳头敲桌子。我没理他，他就跑到讲台来敲。我转过身，他就跑回座位敲桌子。我不看着他，他又跑上讲台敲。我只好走到他跟前，他就用书遮住脸。我把他的书拿下来，他又用手遮住脸。我说："你不用遮，我知道你能听懂我说什么，你还让不让甄老师上课了？我生气了。"他安静下来了。过了一会儿，他跑过来拉着我的手到他的座位，指着地上的铅笔说："捡！"我说，你自己捡，你能做到的。他就是不放手，于是我说："我听你的话可以，可是你也要听我的话好不好？"他点点头，我把笔捡起来。他开心地笑了，坐在座位上安静地画田字格。

其实，帮他捡东西并不是第一次，有一次，他把卷子丢在桌子前面，然后告诉我他捡不到。他还很搞笑地绕到桌子后面证明，弄得我哭笑不得。我想，瑞瑞其实真的很在意别人爱不爱他，可能他就是用这些貌似无理的要求去证明别人是不是对他好。

2012 年 11 月 21 日

严谨

今天我一进教室，瑞瑞就跑到我跟前，抓着我的大衣。我问怎么啦，他说："扣子。"原来，我的大衣最下面一颗扣子没有扣。他就使劲帮我扣，扣好了才回自己的座位。

其实，平时上课也是这样，我偶尔写错了一个字或者有小朋友计算出错，貌似不听课的他会立即站起来大喊："错啦！"让我哑然失笑。

他真的很像神探阿蒙！

2012 年 11 月 27 日

瑞瑞请假了

大年初三，我接到瑞瑞爸爸的电话，他家里出了点事情，要请假一个月。这几天，没有瑞瑞的课堂非常安静，没有人跑来跑去，没有人突然大叫，我居然有点想他了。

2013 年 2 月 25 日

瑞瑞回归

昨晚，电话铃响，来电的是瑞瑞的爸爸，我听见的却是瑞瑞的声音："老师，我明天返学啦。"我很开心地说道："太好了，欢迎你回来！"

第二天一早，我走进教室时，瑞瑞已经坐在座位上了。他看我一眼，接着低下头玩自己的笔。我问："瑞瑞认得我吗？"他说出"甄老师"三个字后又不说话了，一改以前笑眯眯的样子。

今天数学课上，瑞瑞没有走出自己的座位，一直在玩一捆小棒，一直没有说话。看见他不止一次地把小棒当香拜，我很心疼，他是受了多大的刺激啊？血淋淋的场面一定把他吓坏了！正常人经历这样的事情都难以承受，真不知道该说他是幸运还是不幸。

下午放学，他的爸爸还没有来，我说："去我那里等爸爸好吗？"他拉着我的手跟我上楼了，可是他居然连他最害怕的教练都不认得了！

2013 年 4 月 8 日

换了一个瑞瑞

昨天看见瑞瑞基本没有离开座位，也没有说话，我很担心。

想到他爸爸那沉重的样子，我更加担心他的心情会影响瑞瑞。

今天数学课上，瑞瑞还是在把小棒当香拜。

他好像连说话都不会了。

下课后，我叫他做练习，他要我抓住他的手才肯写字。

以前上课，他老是跟在我后面走来走去。现在，他只坐在座位上，我反倒更不适应了。

2013 年 4 月 10 日

遭遇车祸

我一直不敢写瑞瑞遭遇的车祸。

因为我不知道孩子的家人会不会不开心。

有人像我一样关心他，我很替他开心。

瑞瑞年初三遭遇车祸，车里五人只有他没受伤。一人重伤，一人去世，还有两人相对没有那么严重，车子报废，听人形容现场很恐怖。

2013 年 4 月 12 日

瑞瑞的画

2013 年 5 月 10 日

"小鸵鸟"

今天的数学课还是讲"找规律"，瑞瑞一改昨天的兴致，做练习的时候又罢工了。我走过去说："瑞瑞，赶紧拿数学书出来做练习。"他拿出数学书，不肯做，用课本遮住脸，这是他常用的招数。我说，遮住我也能看见你的，他用课本严严实实地捂住脸，大声说："躲起来。"

我哭笑不得。

原来，他捂住脸是躲起来的意思。之前，我一直不知道，一直猜不透他遮住脸是什么意思，真笨！

2013 年 5 月 16 日

会骂人了

今天上完语文课后，我把瑞瑞带到办公室做练习卷。他像打了鸡血似的兴奋地在走廊上跑来跑去，一会儿大声笑，一会儿大声唱《海绵宝宝》，就是不肯做练习。我说："我要送你去教练那里。"他立即拦在办公室门口不让我出去，嘴里大叫"不好"。恰巧教练进来了，教练说："乖乖坐下做练习。"瑞瑞说："别吵！口水多过茶！"

我们办公室三个人霎时惊呆了，居然会讲那么长的句子！居然还会用那么贴切的句子骂人了！看见他骂人，我更多的是开心！看来，他脑子的潜能是可以慢慢开发出来的！

2013 年 6 月 28 日

大不大，小不小

瑞瑞的语言是非常奇特的，说来说去总是"错的""不好""对的""看看""停下""不会"几个词。有时候，他说的话我都无法理解他想表达什么意思。

今天，我又多懂了两个词——"大不大""小不小"。

之前，我花了很长时间才让瑞瑞明白，两个数相比时哪个数大，哪个数小。但是直到今天，瑞瑞仍然没有信心确定。每次遇到这种问题时，他就会跑出来，拉着我的手指着一个数说"大不大"。我开始以为他是问我"这个数大不大"，我说："你说呢？"他很急，提高音调再说"大不大啊"。我答："你说这个数大不大啊？"他很焦急，指着大的那个数说"大不大"，又指着小的数说"小不小"。

几次下来，我也很无奈，我知道我没有正确理解他想表达什么。

今天我突然明白了，"大不大"就是说"这个数比较大"，而"小不小"意思是"这个数比较小"。其实他知道哪个大，哪个小，只是不敢确认，让我给予他肯定。于是，他说"大不大"时，我说"对"；他说"小不小"时，我说"对"。看见他笑眯眯地写大于号和小于号的时候，我很开心。

要明白瑞瑞的语言，真的需要耐心！

2013 年 7 月 1 日

找警察

今天上课瑞瑞到处跑，简直没有办法控制。我一喊"瑞瑞"，他就说"嘘，小声点""不是我""不关我事"。我多次拉着他回到座位上。我很无奈，因为他一跑出来，下面立即就会有一些"猴儿们"作乱。

课间，我捧着他的脸，看着他的眼睛，说："今天瑞瑞上课到处跑，甄老师没办法上课，我很生气！你说该怎么办？"瑞瑞眼里充满疑问："不是我，

不是我，不是我！"我说："是你，上课不可以跑来跑去，记住啊！"瑞瑞从来没有见过我严肃的样子。他有点手足无措，举起右手作打电话状："喂，警察啊，是不是警察啊？警察快来啊！"说着，眼泪就下来了。我一看见他流泪就心软了，任由他依偎在我身上拼命地把眼泪往我身上擦。我说："天哪，你口水鼻涕全擦我裙子上了，咦，脏死了。"瑞瑞笑了。我又说："老师不生气了，你上课记得不要跑来跑去哈。"瑞瑞说"知道了"。随后，他跟着其他孩子一起跑去了。他一边跑，一边不止一次地回头看着我，确定我对着他笑，才开心地去玩了。

这个奇特的孩子，心里面其实什么都明白。他开始会逃避，也学会解决问题了，知道有困难找警察！真好！期待他从自己的世界里走出来！

2013 年 10 月 19 日

一物降一物

今天语文考试，眼看还有十五分钟就收卷了，瑞瑞还有四分之三未做。老师立马把教练找来，瑞瑞一见教练，说声"糟糕"，抓起笔飞快地写。真是一物降一物！

2014 年 9 月 18 日

瑞瑞眼中的数学

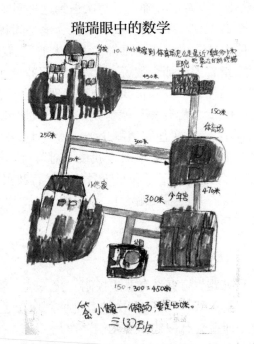

2014 年 12 月 5 日

今天小暑

我一进教室，瑞瑞就拉着我，说："今天是小暑。"

我惊讶道："你怎么知道？"

"看日历啰，7月7日是小暑。"

"瑞瑞真棒，会看日历！还记得住节气！"

"那大暑呢？"

"7月27日"

（惊讶……）

"那清明呢？"

"7月26日"

呃……别这样逗甄老师。

2015年7月8日

找教室

想起瑞瑞去年找不到教室后无助的哭脸，我一进教室就问他："瑞瑞能找到教室吗？"他笑眯眯地说"能啊"。我又说："你比甄老师强，我连续两天都走错。"他笑得更灿烂了。

2015年9月2日

换了手表？

"你手表。"瑞瑞说。

"怎么了？"

"换了。"

我疑惑地看着瑞瑞。

"黑色。"

"是不是我昨天戴的不是黑色？"

"白色。"

这个孩子，四年来一直给我制造惊喜，他对我的关注甚至超过了我自己。从完全不知道他讲什么到现在准确猜中，我也是蛮厉害的。

2015年12月9日

甄老师生病了

我撑着沙哑的嗓音上课，瑞瑞问我"怎么了"，我告诉他我生病了。然后，

199

瑞瑞一下课就到处找人，逮到谁就跟谁说"甄老师生病了"。

2016 年 12 月 9 日

找靠山

下课后，瑞瑞拉着我说"俊华打我"。

我："批评他。"

瑞瑞："你快去批评他。"

历经五年，看着他从动作示意到说一个字、一个词，再到说这么有条理且完整的话，我甚感欣慰。

2017 年 3 月 15 日

骨折？

今天上课，瑞瑞拿着一根小棒在玩。

我："把小棒给我。"

瑞瑞："骨折。"

我："那你负责把它治好。"

瑞瑞笑着说："治不好了。"

2017 年 3 月 22 日

瑞瑞喜欢甄老师

今天，我请瑞瑞吃巧克力。

瑞瑞："留一个给骆校长。"

我："你喜欢骆校长？"

瑞瑞："嗯。"

我："梁老师呢？"

瑞瑞："要留。"

我："我只剩下一颗，给骆校长还是给梁老师？"

瑞瑞："你有 4 颗。"

尴尬。

我："骆校长和甄老师你喜欢谁？"

瑞瑞："甄老师。"

我："为什么？"

瑞瑞："甄老师关心我。"

我很感动。

从词不达意到对答如流，瑞瑞花了五年。

2017 年 4 月 13 日

瑞瑞让我尴尬

今天上课，我兴致勃勃地讲学习如何如何重要的道理时，瑞瑞举手了，

"什么事？"我问。

"老师，你还是讲新课吧！"

我……

2017 年 5 月 22 日

瑞瑞英语真棒

吴同学看见我进教室连忙翻课本。

"连读第几页都不知道！"我批评道。

"Sixty five."瑞瑞喊。

我心想，瑞瑞反应真快，还讲英语。我正想笑，就听见同学在提醒瑞瑞"甄老师听不懂英语"。

我……

不带这样欺负人的，你父母还未出生的时候我就已经学英语了！

2017 年 6 月 2 日

瑞瑞会讲笑话了

下课后，瑞瑞拉着我，说："星期天我带你去竹山看竹山。"

我懵了："什么竹山？"

"竹子的竹，山峰的山。"瑞瑞笑眯眯地说。

"竹山没有竹子也没有山呀。"我更疑惑。

转念一想，去竹山看竹山，哈哈哈，瑞瑞也幽默了。

（注：竹山是番禺区石基镇的一个地方，没有竹子也没有山。）

2017 年 6 月 8 日

你这个大盗贼

前段时间，我外出学习三天。瑞瑞上楼梯的时候见到了教练，教练打趣道："瑞瑞，甄老师没有回来上课，是不是你让她生气啦？"

"你这个大盗贼。"瑞瑞愤怒地说。

我有点不明白他想表达什么。我今天问他，他也说不出个所以然来。

2017 年 6 月 20 日

不准逃避

看着瑞瑞胡乱画书，我说："瑞瑞写字比二年级退步了。"

"他写字差。"瑞瑞头也不抬，手却往几个字写得不好的同学那里指去。

"我在说你呢。"

"知道了。"

"瑞瑞认真写的话，你的字是很漂亮的。"

瑞瑞抬起头，眼睛亮了。

我不知道这样要求他对不对，我只是想，尽量让他在一个普通的环境，与普通的孩子交往，这样更有利于他将来更好地融入社会。所以，我抓住机会，顺其自然地多鼓励、多称赞，让他学会不逃避。

2017 年 6 月 21 日

幸福大巴

昨天见到瑞瑞的幸福大巴，我问："为什么没有甄老师？"他说没位了。

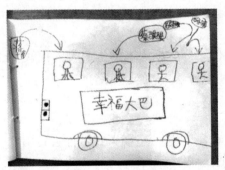

我叫他在蒋同学后面加个位给我，今天他把几个老师都叫上车了。

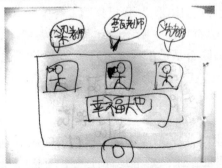

我问他是不是第一喜欢梁老师，第二喜欢甄老师，他居然说是！

2017 年 9 月 6 日

我初中了

下课后，瑞瑞拉着我说："我六年级了，明年是初中了。"

"是呀，你以后有时间要记着回来看老师呀。"

"不回！"瑞瑞很坚决。

"甄老师好伤心呀。"

瑞瑞很奇怪地看着我说："我初中了！"我知道他表达什么，但我真的很伤心。

每送走一届孩子，我总会不舍……

2017 年 9 月 7 日

有自己的朋友

今年瑞瑞几乎不来我的办公室找我了，偶尔来也是和几个小伙伴一起，看看我就走。

平时下课，我发现他和几个男孩子在一起玩。休息日，我看见班里孩子发的朋友圈有他的身影。

我从心底替他高兴。六年来，我所希望的不就是希望他能有自己的小伙伴，能和普通孩子一样嬉笑打闹吗？

2018 年 4 月 28 日

"因为爱，所以爱！"
——我的教育故事

各位领导、各位嘉宾、各位同行，我是市桥陈涌小学的数学老师甄慰，今天我向大家汇报的题目是："因为爱，所以爱！"

作为一名平凡的教育工作者，我深谙：教育是爱的事业。

接下来，我与大家分享自己20多年从教生涯中的3个教育故事。

一、不愤不启，不悱不发。神奇的莫比乌斯带——"做数学，真好玩！"

某年11月，我按课本要求布置了学生回家做"莫比乌斯带"（莫比乌斯带：公元1858年，德国数学家莫比乌斯和约翰·李斯丁发现，把一根纸条扭转180°后，两头再粘接起来做成的纸带圈，具有魔术般的性质。普通的纸带具有两个面即双侧曲面，一个正面，一个反面，两个面可以涂成不同的颜色。而这样的纸带只有一个面即单侧曲面，一只小虫可以爬遍整个曲面而不必跨过它的边缘。这种纸带被称为"莫比乌斯带"。也就是说，它的曲面只有一个）的作业。结果，第二天，只有5个孩子做出来了，晚上，我发短信给家长，让他们督促孩子。

第三天，共有18个孩子做出来了。我又发信息给家长："家长您好，我们班已有18位同学成功完成'神奇的莫比乌斯带'。家长可问问孩子在这个过程中，失败了几次，碰到什么困难，有什么收获。未完成的，请家长了解原因。"

第四天，又多了9人，一共27人做出来了，还有15人没有做！

为了了解孩子们到底在想什么，我设计了两份问卷：

"神奇的莫比乌斯带"直到现在，全班42人中只有27人做出来了。老师想了解你的想法，请按你的真实想法打钩：

我做出来了。

1. 我尝试了（　　）次就成功了。

①一　②二　③三

2. 家长（　　）。

①没有帮忙　②和我一起做

"神奇的莫比乌斯带"直到现在，全班 42 人中只有 27 人做出来了。老师想了解你的想法，请按你的真实想法打钩：

我没有做出来，因为（　　）。

①看不懂课本方法。

②尝试多次失败不想再尝试了。

③不想做。

④等老师课堂上讲的时候再做。

⑤其他原因：

结果：

问卷一："我尝试了一次就成功了"的 9 人，二次的 13 人，三次的 5 人；独自完成的 11 人，家长和孩子一起做的 16 人。

问卷二："看不懂课本方法"的 8 人；"尝试多次失败不想再尝试了"的 2 人。

看着统计的结果，我平静下来。我常说，学生的问题就是老师的问题，我在自己身上找过原因吗？我一直只关注学生做了没有、怎么做的。可数学的学习不能仅仅是"做"，而是要"做有所获"。

第五天，我和孩子们一起做。此时，我把关注的重心由"你怎么做"转为"你做了后有什么收获"。第六天，我又花了一节课，让孩子们把过程写下来。

"有趣""好奇""发现""合作""我认真看了课本""做了 3 次才成功""第一次失败了，我不甘心"……从学生写的文字中可以看出学生正在经历"不断尝试，不断实验，不断总结"的数学学习过程。学生们在这个过程中意识到了"耐心""不放弃""坚持""不甘心""要认真""用心去做"……这让他们获得了数学活动经验之外的体验。这正是莫比乌斯带的神奇与魅力！

"莫比乌斯带"的"神奇"之处并不仅是让孩子发生改变，而是它让我明白"做数学"的真正意义。

这是一个数学老师的执着，正是这份执念让我在数学教育教学的道路上躬耕不已，成长为广州市十佳青年教师、番禺区名教师以及两个工作室的主持人。

二、古人学问无遗力，少壮工夫老始成。我很欣慰在成就别人的过程中成长了自我。——"台上三分钟，台下十年功。"

除了一份执念，我的成长还源自"耐磨"。

2000 年，我参加番禺区第四届教学新秀比赛。备战那一年，12 册教材每一节课的教学设计，我都手写，只为了加深印象，锻炼自身。

205

2007 年，在汕头市赛课，我修改了 22 次"三角形边的关系"教学设计，试教超过十次。

2007 年至今，我一直协助教研室分别跟进区内教师参加赛课，反复备、反复磨、反复试教，深"陷"其中，乐此不疲。"功夫不负有心人"，其中，陈莉、简树恩、韩乐观、麦志亮、陈慧、李淑怡、黄丽群等老师荣获了市、省乃至全国一等奖的佳绩。

参与指导的过程让我一次又一次对教材加深思考，对学生更加关注，对教法更加熟练。这让我懂得，没有精心准备，就没有完美的执行过程。一次次地试教、一次次地反思、一次次地修改，就是一次次地收获，成就了别人，成长了自我。

三、春风化雨润物无声，桃李不言下自成蹊。我和瑞瑞的故事——"因为爱，所以爱！"

让我成长的，还有我班上可爱的孩子们，其中最让我关注的就是瑞瑞。

2011 年 9 月 3 日，他走进我的课堂，他的特别引起我的注意。

他上课没有一分钟能坐下来，好像活在自己的世界里：不会和别人交流；把校门口种的花全部拔起来；寻找学校的水龙头并打开；拿沙子撒向同学、老师；拿铅笔、粉笔画别人的书……

所以，我开始用文字记录这个特殊的孩子。

原则

下课后，我总是拉着他补没有完成的练习。可是，上课铃一响，无论做到哪里，他都会立即收起数学书——"罢工"，然后把我推开，嘴里嚷嚷："上课啦。"意思就是叫我走，他要上课了。我又气又好笑。

2013 年 5 月 4 日

亲亲

今天瑞瑞又给我惊喜了，一下课，他就拉着我的手说"亲亲"，紧接着就亲我的手。我乐呵呵地说："满手粉笔灰，脏死了。"他马上放下我的右手，亲我的左手。弄得我左手臂满是口水，他还笑眯眯地看着我。

2013 年 6 月 9 日

心甜

我结束一周的学习，回到班里。瑞瑞笑眯眯地看着我，我问他有没有想念甄老师，瑞瑞说"有"。我问："哪？"瑞瑞把手放胸口，说："这里！"我顿时甜到心里去了。

2014 年 10 月 16 日

因为心存爱，所以瑞瑞会"亲亲"。

因为心存爱，所以孩子会与我分享他们的点滴。

因为心存爱，所以我离不开讲台。

备课、磨课、上课、听课、写日志、开讲座……

忙不忙？忙！

累不累？累！

但忙、累又如何？

三尺讲台迎冬夏，一片丹心育桃李，选择了教师职业，我今生无悔，一生坚守！

培养人，就是培养他获得未来
——北京亦庄小学跟岗学习小结

2016 年，番禺区教育局领导精心组织、安排部署了北京亦庄实验小学为期一个学期的跟岗学习活动。在教育局领导、市桥城区教育指导中心领导和骆校长的帮助与鼓励下，我有幸成为其中一员。

3 月 14 日，我来到北京亦庄实验小学。在亦庄小学跟岗学习的这十几天里，我的心一直被一股激情冲击着。一个全新的教学环境，让我真真切切地感受到自身在教育教学方面与他们还有巨大的差距。这三个星期的学习，让我受益匪浅，思考颇多，使我对教学、教育有更深的认识与感悟。

一、我眼中的亦小

（一）与众不同的育人环境

1. 教室——温馨的"家"。每间 120 平方米的教室都有特别的名字：小蚂蚁、萤火虫、小燕子、小石头、小星星……一块硕大的花色地毯占领了大半个教室，几个样式活泼的小棉墩子在地毯周围摆放着。一张双人沙发上堆满了大大小小的抱枕，一排新式电脑及一箱箱乐高整齐地摆放在壁橱上，可以随意阅读的书籍足足占满一整面墙的下部。一根根从房顶倒垂下来的麻绳，挂满了学生的各种作品，而两张办公桌、两台电脑、两个小角落构成了两位包班教师各自的办公区域。孩子被肯定是第一位的，课程是第二位的，秩序和纪律才是第三位的。每个孩子的名字或形象在门上、表扬墙上、作品墙上频繁地出现。老师们不再单纯地教学科知识，而是在这个"家"陪着孩子们度过一天又一天愉快的生活。

2. "沙的王国"——孩子们的乐园。学校把一条 100 米长、6 米宽的校内马路深挖一米，填满几百吨从海边运来的沙子，形成了一个"沙的王国"。孩子们每天都在里面玩得不亦乐乎：挖坑的，挖隧道的，淘石头的，淘贝壳的，堆沙山的，揉沙蛋的，砌沙墙的，搞沙尘暴的……

3. 现代化的设备齐全。学校有数字电影院、电视台、录音棚、微格教室、图书馆、体育场馆、多媒体剧场、艺术长廊、综合教室、屋顶阳光农场、特色照片墙、师生美术馆，还有完全交由孩子运作的咖啡厅、茶吧、超市、模拟校园金融系统、儿童艺术创意街区……

（二）与众不同的课程设置

"全课程"不是"语文＋数学＋英语＋音乐＋体育＋美术"的简单叠加，全课程的教师也不是各学科教师的简单叠加。亦小把小学六年划分为三大学段：一年级刚入学的半年为始业学段，六年级的最后半年为毕业学段，中间为常规学段。始业学段最为特别，以学校自编的绘本为载体，课程的学习内容不是传统学校的拼音学习、生字抄写，而是每月一个大主题，每周一个小主题，围绕主题，孩子们唱儿歌、读绘本、玩游戏、演戏剧、学舞蹈、学唱歌。学生阅读绘本，诵读儿歌，学唱歌曲，排练绘本剧，每个孩子完成30篇左右的写绘故事。知识的学习潜移默化，浸润其中。

每个学段都有大量有趣的课程：戏剧课程、综合艺术课程、乐高机器人课程、儿童金融课程、危机应对课程、游戏课程……"课程目标"与"课时目标"，这里没有！这里有的是"有关经验的课程"，即孩子们实际体验到的课程，是他们学习体验到的生活本身。

在全课程的视野下，一堂课的进退得失已不再那么重要。课时的目标被弱化，孩子们有更充足的时间和丰富的机会去理解原先被打包的、被作为结果状态存在的知识。在全课程背景下，知识被赋予了过程性、体验性和生命性。这样学习的知识，埋下了更多的种子，更具有生长力。

（三）与众不同的师资队伍

1. 最"牛"。在这里，大家云集，名师荟萃。当代著名教育家、国家督学、北京十一学校校长李希贵先生领衔担任总校长，李振村、曹君、常丽华、张宏伟、徐辉、孙娜、来晓梅、钱锋、朱长青、顾春春、牛献礼、杨玉翠……一个个闪亮的名字，构成亦小的"梦之队"。除此以外，所有的教师均研究生学历。

2. 敬业。亦小的教师爱岗敬业的精神真的使我震撼，每天教师们早早地到学校。早上7:50–8:20晨诵，8:25第一节课开始，11:00午餐，11:30–11:55操场活动，12:00–12:30午读，12:40–13:10写字，13:15下午第一节课开始，14:40–15:20社团活动。这里每天都有一节数学课、一节体育课。周一：17:00–18:30年级组会，19:00–20:30网络教研；周二：17:00–18:15年级教研；周三：17:00–18:30教师论坛；周四：17:00共读一本书。每天课间随处可见教师在班上或在办公室辅导学生，班主任老师几乎全天在班上督促、管理学生。老师中午没有休息时间，而这已经成为一种习惯。其实老师们很忙，上完课就改作业，留心观察学生，收集各种素材，因为这些内容将成为第二天的课程。但看得出，老师们很享受这样的投入，他们享受孩子的天真烂漫、孩子的创新发现，更享受孩子的成长。

3. 全能。除了个别专业课程（英语、戏剧），其他所有的一切都由两位教师来负责。包班老师是全能的，会唱、会跳、会画、会讲故事、会编喜剧、能教语文、能带孩子……

（四）与众不同的管理方式

学校管理分为行政中心和教学中心，互不干涉。教学中心负责教师安排和课程研发以及所有年级的课程设置。学校将管理单元化小，把一切能够下放的权力都下放到级部——一个级部相当于一所小学校，由级部老师自己因需、因室、因生制定管理办法，教学中心不加干涉。由年级组会议代替全校教师会议，级长行使多种权利，没有全校教师会议，但校长每周会出现在教师的演讲会上。

（五）与众不同的学生

1. 阳光快乐。在亦小，孩子的需要永远是第一位的，孩子们是自由的（比如，上课可以随意走动、喝水、上洗手间等）、快乐的、无拘无束的（比如，高兴的时候拥抱你），没有考试，没有作业的烦恼，允许慢节奏。学习是以各种趣味活动、游戏、戏剧等方式进行的，孩子们丝毫没有感受到压力和负担，他们活泼开朗，快乐学习，他们喜欢老师，喜欢学校，喜欢学习。

2. 多才多艺。孩子们能唱能跳、能画能写、能说能辩、能演能弹、能做主持、能做小老师。他们在小剧场表演戏剧、唱歌、跳舞，在涂鸦长廊上尽情地释放和展示自己的才华。

3. 个性张扬。在"全课程"课堂教学环境中，学校变成一个有利于张扬学生个性的"场所"，他们的个性在宽松、自然、愉悦的氛围中得到释放，展现生命的活力。课堂上，孩子们发自内心地各抒己见，敢于探究，敢于直言，张扬着孩子的天性。

4. 能力较强。学生的绘画、手工布艺、脸谱设计、思维图……无一不说明学生的动手能力强。小剧场以年级为单位自编自导的表演，证明学生的沟通能力强；课堂上时不时出现的新想法、新创意、新追问，常常把教师的教学引向别处，说明孩子的思维能力强。

二、经历、冲击与思考

1. 经历。来亦小的第一周和第三周，我上一年级（7）班的数学课和主题课，兼指导一年级数学的教研活动，体验"包班"生活；第二周，我协助级长指导一年级的数学老师的教学教研工作，体验"走班"生活。

我不是来跟岗学习的吗？为什么会安排我指导一年级的数学教研活动？但我想，我在"包班"的过程中能更快地接触、接受全课程的理念。于是，我怀着忐忑不安的心情接受了任务。这三周，除了听课、上课、教研活动，我还与一年级的老师分享了"低年级数学学习习惯的培养"。我在孩子的聆听习惯、表达能力、数学书写习惯、思考习惯、操作习惯、读题习惯、观察习惯、与人合作的习惯、检验习惯、想办法解决问题的习惯等习惯的培养方面给他们一些建议，和老师们分享自己对教材的解读与思考，这些都得到了老师们和级长的认可。我还和所有的亦小老师一样，接受外来听课教师随时的"检阅"，并应邀到一年级的其他班上数学研讨课，和他们一起到杨玉翠、张宏伟等特级教师的课堂学习。日子过得非常充实。

2. 思考。这三周，我在包班、听课、学习中不断感受着全课程理念带来的思想上的冲击：

（1）如何看待课堂常规

在我们平常的五六十平方米的教室，孩子按要求坐得端端正正，被训练得规规矩矩。而亦小的教室铺设了地毯，摆上了沙发，放置了靠垫和大量的书籍、乐高玩具以及可以上网用的电脑。课中，孩子们可以随意走动，整个教室洋溢着一种舒适的"懒散"。这不由得让人担心，这种自由，会不会影响成绩？但是，三周下来，我却感受到他们的能力远比我们想象的强，他们经历的远比我们的常规课堂要多、要全面。这不由得让我纠结，我们强调的课堂常规真的没有必要，真的固化学生的思维吗？

（2）如何看待课程整合

我们的传统教学只会严格执行课程标准，严格按照课程上课，严格实行"三表一致"。分科课堂上，课程目标被细化成单元目标，再细化成课时目标。每一堂课要教什么、教到什么程度常常是被精确规定的。每节课的任务是落实细化的教学目标。我们有语文、数学、英语、美术、音乐、体育等专业的老师上课，也定期通过卷面检测孩子的学习情况……

而亦小的老师们根据自己的教学需要，自主地控制教学时间和教学内容。知识不是一个点，而是个"串"。自己开发课程，自己开发教材，自己开发资源。他们对知识不在意，而在意对"一个人"的培养，在意孩子的体验，在意孩子的快乐，在意对孩子的陪伴。每节课的容量不大，但老师看重学习过程，更看重孩子的个性发展。"全课程"理念下，学科的概念被淡化了，他们认为，对于刚入学的孩子而言，语文、数学、英语、美术等学科的概念是无法理解的，也是没有意义的。

传统的教学很容易让教师迷失在达到目标上，为了卷面成绩，我们现在授课还是不敢打破"课"这个概念，为什么？是因为我们面对的是考试，对"教育"没有更深层次的思考？还是因为教育理念和教育创造力比较薄弱，我们无法掌控真正的开放式课程？

全课程是对传统课堂的颠覆，还是对传统课程以及传统课堂的改良？全课程理念在传统教育模式下也可以实施吗？怎么实施？

（3）如何评价

"全课程"理念认为，教育原本就应该是一件幸福的事，因为教育的终极目标就是为了追求幸福，教育的人文价值正在于帮助每个人获得幸福体验、提升幸福境界、发展幸福能力。像亦小这样的学校，在全课程理念下，孩子的能力，不可否认，非常强。他们没有考试的压力，可以在不同的领域展示自己的风采，各自有着被别人认同的长处，他们的幸福感也比别的学校的孩子强。敬佩的同时，我不由得感叹："全课程"的教师所具备的素质不是一般的教师可以做到的。

我们的评价体系中，卷面测试是必须要面对的，分数在教师和家长心目中还占相当重要的位置，导致孩子也以分数论英雄。这种教育，我们都知道是非常片面的，但是，多年来，不断改革的评价方式仍没有根绝考试，这是不是说明考试的存在也是合理的？

回想苏霍姆林斯基的话，"不要让上课、评分成为人的精神生活的唯一的、吞没一切的活动领域"。如果一个人只是在分数上表现自己，那么可以毫不夸张地说，他等于根本没有表现自己，而我们的教育者，在这种片面表现的情况下，也根本算不上真正的教育者。亦小的"全课程"教师无疑是真正的教育者。

…………

冲击越多，疑问越多，思考越多。

用三个星期的时间完全看懂一所学校，那是不可能的，但是，完全可以看得出，这是一所不一样的学校。这里教育的氛围促使每个教师、每个学生都试图突破原来的自己！完全可以肯定的是，他们所做的，正是培养孩子获得未来！

我很期待，也很希望，在接下来的学习中我可以有所突破，融入全课程。

2016 年 3 月 30 日于北京亦庄实验小学